Die Halal-Industrie verstehen

Hussein Elasrag

Inhaltsverzeichnis

DIESES BUCH

Die islamische Halal-Industrie steht an der Schwelle zu großem Wachstum und allgemeiner Anerkennung, da sie an Boden gewonnen hat, da Muslime ihre Religiosität und traditionellen Werte bekräftigen. Das Bewusstsein für das Halal-Konzept wächst und Unternehmen reagieren auf diese Verbraucherbedürfnisse, sei es bei Produkten oder Dienstleistungen. Die Halal-Industrie hat sich inzwischen weit über den Lebensmittelsektor hinaus ausgeweitet und das wirtschaftliche Potenzial von Halal weiter vergrößert. Der globale Halal-Markt hat sich zu einem neuen Wachstumssektor in der Weltwirtschaft entwickelt und schafft eine starke Präsenz in den entwickelten Ländern. Der State of the Global Islamic Economy Report 2017/18 schätzt, dass sich die weltweiten Ausgaben von Muslimen im Lifestyle-Bereich im Jahr 2016 auf 2 Billionen US-Dollar beliefen, während der islamische Finanzsektor ein Gesamtvermögen von 2,2 Billionen US-Dollar aufweist.

Lebensmittel und Getränke liegen mit 1,24 Billionen US-Dollar an der Spitze der muslimischen Ausgaben, gefolgt von Bekleidung und Bekleidung mit 254 Milliarden US-Dollar, Medien und Unterhaltung mit 198 Milliarden US-Dollar, Reisen mit 169 Milliarden US-Dollar und Ausgaben für Arzneimittel und Kosmetika mit 83 bzw. 57,4 Milliarden US-Dollar. Der Titel Halal ist ein religiöses Schlüsselwort, das Ausmaß und Umfang der Handlungen und Verhaltensweisen von Gläubigen bezeichnet. Obwohl es sich nach den Lehren der Religion um einen Akt der Hingabe handelt und sowohl rechtmäßig als auch ungesetzlich ist, liegt es an seiner Zweckmäßigkeit oder Verderblichkeit; Daher ist es eng mit realen und materiellen Angelegenheiten verbunden.

Vielleicht ist dies der Grund, warum es in der heutigen Welt üblich ist, Halal-Produkte in verschiedenen Bereichen wie Lebensmitteln, Medizin, Kosmetik- und Hygieneprodukten, Kleidung, Tourismus, Transportdienstleistungen, Unterhaltung, Medien, Bank- und Finanzdienstleistungen sowie Sport usw. zu verwenden ein großes Ausmaß. Viele seiner Benutzer sind Nicht-Muslime und nicht-religiöse Menschen.

Die Bedeutung dieses Buches ergibt sich einerseits aus der Bedeutung der Verwendung von Halal und seinen Auswirkungen auf das materielle und spirituelle Leben der Gläubigen und seinen rechtswissenschaftlichen und religiösen Dimensionen, andererseits aus der Notwendigkeit, sich neue Studien und moderne Technologien zunutze zu machen Produktion und Überwachung von Halal-Produkten andererseits sowie die Entwicklung von Exporten und Importen verschiedener Halal-gekennzeichneter Produkte im Bereich des internationalen Handels und der Wirtschaft sowie eine wichtige internationale Geschäftsfigur in diesem Bereich.

Dieses Buch bietet eine Sie erhalten ein tiefgreifendes Verständnis der Halal-Branche und stellen Ihnen die neuesten Entwicklungen und Trends in dieser Wirtschaft vor und zeigen gleichzeitig die zukünftige Ausrichtung dieser Branche auf.

I. Einführung

Zunächst muss klargestellt werden, dass das islamische Ernährungs- und Konsumsystem im Vergleich zu anderen ethnischen Ernährungssystemen anders und einzigartig ist. Die Weltgemeinschaft hat inzwischen begonnen, die Bedeutung der Anforderungen der Muslime an Lebensmittel und andere als Halal bezeichnete Konsumgüter zu verstehen. Der Markt für Halal-zertifizierte Lebensmittel und Produkte verzeichnet sowohl im Inland als auch international ein starkes Wachstum. Obwohl der Begriff „Halal" noch nie so viel Aufmerksamkeit erregt hat wie in jüngster Zeit, gibt es heute überall dort, wo es muslimische Verbraucher gibt, deren Geschmack und Vorlieben durch Halal-Regeln für Lebensmittelspezifikationen bestimmt werden, einen Markt für Halal-Lebensmittel. Jeder Muslim muss sicherstellen, dass das, was er isst, aus einer Halal-Quelle stammt. Dabei geht es nicht nur um die Prüfung der Inhaltsstoffe an sich, sondern auch darum, sicherzustellen, dass der gesamte Prozess den Prinzipien der Scharia entspricht .

Halal ist ein arabisches Wort und bedeutet „gesetzlich" und „erlaubt". Dieses Halal-Konzept stammt aus dem Heiligen Koran und wird zur Beschreibung von Objekten und Handlungen verwendet. Der Islam ist eine natürliche Lebensweise und umfasst das Konzept eines Wirtschaftssystems, das auf menschlicher Zusammenarbeit und Brüderlichkeit basiert und auf den Beratungs- und Ernährungsgesetzen der gesamten Menschheit basiert. Halal umfasst alles, was frei von Bestandteilen ist, deren Verzehr Muslimen verboten ist. Dieses kann in seiner physikalischen Beschaffenheit, inklusive Lebensmittelinhaltsstoffen wie Gelatine, Enzymen, Lecithin und Glycerin sowie Zusatzstoffen wie Aromen und Farbstoffen, als „schweinefleischfrei" eingestuft werden. Halal ist ein koranischer Begriff, der „erlaubt", „zulässig", „gesetzlich" oder „legal" bedeutet.

Sein Gegenteil ist haram (verboten, illegal oder rechtswidrig) . Nach dem Scharia-Gesetz sollten alle Fragen zu Halal oder Haram und sogar alle Streitigkeiten auf den Koran und die Sunnah verwiesen werden. Halal und Haram sind universelle Begriffe, die für alle Aspekte des menschlichen Lebens gelten, unabhängig davon, ob sie sich auf das Ibadat, Muamalat oder Mua'sharah beziehen . Halal kann als eine Handlung, ein Gegenstand oder ein Verhalten definiert werden, bei dem der Einzelne die freie Wahl hat und dessen Ausübung weder zu einer Belohnung noch zu einer Bestrafung führt. Halal könnte durch explizite Beweise im Scharia-Recht oder durch Verweis auf die Vermutung der Zulässigkeit (ibahah) identifiziert worden sein . Auf globaler Ebene hat die Ernährungs- und Landwirtschaftsorganisation der Vereinten Nationen allgemeine Richtlinien für die Verwendung des Begriffs Halal erstellt, die von den Mitgliedsländern übernommen werden sollen.

Die Grundprinzipien von Halal-Produkten sind wie folgt:

Ein Halal- oder Haram-Produkt zu sein bedeutet, in Bezug auf göttliche Befehle rechtmäßig oder illegal zu sein.

Muslime dürfen sich nicht an Aktivitäten beteiligen (oder davon profitieren), die nach dem Scharia-Gesetz verboten sind. Muslimen ist es daher nicht gestattet, in Unternehmen zu investieren, die verbotene Aktivitäten ausüben, wie etwa Casinos, Brauereien oder Fabriken, die

Schweinefleischprodukte herstellen. Islamischen Banken ist es auch nicht gestattet, solche Unternehmen zu finanzieren. Eine sehr strenge Auslegung dieser Regeln würde jedoch dazu führen, dass Muslime international nur in eine sehr begrenzte Anzahl von Unternehmen investieren könnten. Beispielsweise wäre es Muslimen nicht gestattet, in ein Hotel zu investieren, in dem Alkohol ausgeschenkt wird, in ein Lebensmittelunternehmen, das zu seiner Produktpalette auch Schweinefleischprodukte herstellt, oder in ein Unternehmen, das gegen Zinsen Geld leiht oder leiht.

Angesichts der praktischen Erwägungen des internationalen Handels und um muslimischen Investoren die Teilnahme daran zu ermöglichen, haben eine Reihe prominenter Scharia-Gelehrter die Idee vertreten, dass es für Muslime zulässig sei, in Unternehmen oder Gesellschaften zu investieren, die nicht vollständig Scharia-konform sind . 'ah konform, solange bestimmte Bedingungen erfüllt sind. Zu diesen Bedingungen gehören (unter anderem):

1- Die Hauptgeschäftstätigkeit muss durch das Scharia-Gesetz genehmigt sein;

2 - Einkünfte aus verbotenen Aktivitäten dürfen nur einen kleinen Prozentsatz des Gesamteinkommens des Unternehmens oder Unternehmens ausmachen (dieser Prozentsatz schwankt zwischen 5 und 20 Prozent des Gesamteinkommens, abhängig von der Art der verbotenen Aktivität und den beteiligten Scharia-Gelehrten) ;

3 - Der Gesamtbetrag der verzinslichen Schulden eines Unternehmens oder Unternehmens sollte einen bestimmten Prozentsatz seines Vermögens oder seiner Marktkapitalisierung nicht überschreiten (über den akzeptablen Prozentsatz herrscht unter Scharia-Gelehrten Uneinigkeit, er schwankt zwischen 25 und 35 Prozent). . des Gesamtvermögens oder der Marktkapitalisierung nach Angaben der betreffenden Forscher); und Die Forderungen des Unternehmens an das Unternehmen dürfen einen bestimmten Prozentsatz seines Vermögens oder seiner Marktkapitalisierung nicht überschreiten (in der Regel zwischen 25 und 33 Prozent festgelegt).

4 - Die Zuschreibung von Halal oder Haram hängt davon ab, ob es nützlich oder schädlich ist. Im Kontext der oben genannten Konzepte sind die in der Scharia erteilten Befehle sowohl feste als auch variable Regeln, die auf dem Zustand der Subjekte zu bestimmten Zeiten und an bestimmten Orten basieren. Scharia-Anordnungen werden nach dem Grad des Nutzens oder Schadens klassifiziert, wobei bei Bedarf die bessere Wahl bevorzugt wird.

5 - Bestimmte Kontrollen und Vorschriften wie „La zirar " (Menschen keinen Schaden zufügen), Haraj (das Vorliegen einer ernsthaften Bedrohung und/oder Einschränkungen) und Notstandsregeln verstoßen manchmal gegen Anordnungen.

Deshalb haben insbesondere Muslime mehr als alle anderen die Verantwortung, sich an diese Ordnung zu halten. Für sie ist es eine Frage des Glaubens. Da es für Muslime eine Glaubenssache ist, werden Nicht-Muslime niemals in der Lage sein, sich um die Standardisierung und Zertifizierung von Halal und Tayyib zu kümmern . Niemand kann es für kommerzielle und ideologische Zwecke missbrauchen. Nicht-Muslime können niemals an der Halal- und Tayyib- Zertifizierung teilnehmen , da sie während des Gebets nicht als Imam in der Moschee fungieren können.

Daher ist es wichtig, dass die Weltgemeinschaft, ob Muslime oder Nicht-Muslime, das Potenzial der Halal-Industrie erkennt. Tatsächlich könnte der Einstieg in eine aufstrebende milliardenschwere Industrie wie die Halal-Industrie zum weiteren Wachstum der Wirtschaft beitragen und gleichzeitig dazu beitragen, einige der seit langem bestehenden Probleme zu lösen, mit denen die muslimische Gemeinschaft konfrontiert ist. Es gibt Gründe, warum die Halal-Industrie als multirassische Gesellschaft für das globale Wachstum wichtig ist. Viele muslimische und nicht-muslimische Verbraucher verstehen immer noch nicht den Geist der Scharia, der diese Produkte regelt. Halal-Prinzipien beschränken sich nicht nur auf streng religiöse Aspekte, sondern umfassen Gesundheit, Sauberkeit und Sicherheit. Der State of the Global Islamic Economy Report 2017/18 schätzt, dass sich die weltweiten Ausgaben von Muslimen im Lifestyle-Bereich im Jahr 2016 auf 2 Billionen US-Dollar beliefen, während der islamische Finanzsektor ein Gesamtvermögen von 2,2 Billionen US-Dollar aufweist. Lebensmittel und Getränke liegen mit 1,24 Billionen US-Dollar an der Spitze der muslimischen Ausgaben, gefolgt von Bekleidung und Kleidung mit 254 Milliarden US-Dollar, Medien und Unterhaltung mit 198 Milliarden US-Dollar, Reisen mit 169 Milliarden US-Dollar und Ausgaben für Arzneimittel und Kosmetikprodukte mit 83 bzw. 57,4 Milliarden US-Dollar. Dieses Buch vermittelt ein tiefgreifendes Verständnis der Halal-Branche, stellt Ihnen die neuesten Entwicklungen und Trends in dieser Wirtschaft vor und beleuchtet gleichzeitig die zukünftige Ausrichtung dieser Branche.

II. Halal verstehen

Der Wert der globalen Halal-Industrie wird auf etwa 2,3 Billionen US-Dollar geschätzt (ohne islamische Finanzierung). Mit einem geschätzten jährlichen Wachstum von 20 % hat die Branche einen Wert von etwa 560 Milliarden US-Dollar pro Jahr. Damit ist es eines der am schnellsten wachsenden Verbrauchersegmente weltweit.

Der globale Halal-Markt mit 1,8 Milliarden Muslimen beschränkt sich nicht mehr nur auf Lebensmittel und Lebensmittelprodukte. Die Halal-Industrie hat sich mittlerweile über den Lebensmittelsektor hinaus ausgeweitet und umfasst Pharmazeutika, Kosmetika, Gesundheitsprodukte, Toilettenartikel und medizinische Geräte sowie Komponenten des Dienstleistungssektors wie Logistik, Marketing, Print- und elektronische Medien, Verpackung, Branding und Finanzierung.

In den letzten Jahren hat sich die Halal-Industrie mit der steigenden Zahl wohlhabender Muslime weiter auf Lifestyle-Angebote ausgeweitet, darunter Halal-Reise- und Gastgewerbedienstleistungen sowie Mode. Auslöser dieser Entwicklung sind die veränderte Denkweise muslimischer Verbraucher sowie ethische Konsumtrends auf der ganzen Welt.

Der Halal-Markt ist nicht nur Muslimen vorbehalten und wird zunehmend von nicht-muslimischen Verbrauchern akzeptiert, die Halal mit ethischem Konsumverhalten assoziieren. So haben die durch Halal geförderten Werte – soziale Verantwortung, Landbewirtschaftung, wirtschaftliche und soziale Gerechtigkeit, Tierschutz und ethische Investitionen – Interesse geweckt, das über seine religiöse Konformität hinausgeht. Die Beliebtheit und Nachfrage nach Halal-zertifizierten Produkten bei nicht-muslimischen Verbrauchern nimmt zu, da immer mehr Verbraucher nach hochwertigen, sicheren und ethischen Produkten suchen. Halal (was „gesetzlich“ oder „erlaubt“ bedeutet) ist für Muslime nicht länger eine bloße religiöse Verpflichtung oder Einhaltung, sondern hat sich zu einer mächtigen Marktmacht entwickelt, die sowohl für Muslime als auch für Nicht-Muslime zunehmend zu einem globalen Marktphänomen wird. Das Anbringen des „Halal“-Labels an einem Produkt ist nicht nur eine Garantie dafür, dass das Produkt für Muslime zulässig ist, sondern es ist auch zu einem globalen Symbol für Qualitätssicherung und Lebensstilwahl geworden. Dies wird durch die Beteiligung und Beteiligung nichtmuslimischer Länder und Organisationen deutlich, in denen Halal schnell zum Standard der Wahl wird. Viele westliche Länder haben den aufkommenden globalen Verbrauchertrend hin zu Halal-Produkten und -Dienstleistungen erkannt und beeilen sich nun, in der Halal-Industrie Fuß zu fassen. Anstelle eines Paradigmenwechsels bei globalen Themen wie

Nachhaltigkeit, Umweltschutz und Tierschutz hat das potenzielle Wachstum der Halal-Industrie sie zu einem lukrativen Markt gemacht, den es zu nutzen gilt und der große Chancen bietet. Akteure aller Branchen, von großen multinationalen Konzernen bis hin zu kleinen Unternehmen, möchten ihren Anteil an diesem wachsenden Markt erobern. Im letzten Jahrzehnt hat sich die Halal-Industrie als Marktmacht weiter entwickelt, da Regierungen begannen, Halal im Sinne der Entwicklung von Richtlinien zur Entwicklung ihrer eigenen Volkswirtschaften zu betrachten.

1- Halal-Themen im Koran

Halal ist ein arabisches Wort und bedeutet „gesetzlich" oder „erlaubt". Das Gegenteil von Halal ist Haram, was illegal oder verboten bedeutet. Halal und Haram sind universelle Begriffe, die für alle Aspekte des Lebens gelten. Wir verwenden diese Begriffe jedoch nur in Bezug auf Lebensmittelprodukte, Fleischprodukte, Kosmetika, Körperpflegeprodukte, Lebensmittelzutaten und Lebensmittelkontaktmaterialien. Obwohl viele Dinge eindeutig Halal oder eindeutig Haram sind, sind einige Dinge unklar. Diese Artikel gelten als fragwürdig oder verdächtig und es sind zusätzliche Informationen erforderlich, um sie als Halal oder Haram einzustufen. Solche Gegenstände werden oft Mashbooh genannt , was zweifelhaft oder fragwürdig bedeutet. Alle Lebensmittel gelten als Halal, mit Ausnahme der folgenden, die Haram sind:

1. Schweinefleisch/Schweinefleisch und seine Nebenprodukte
2. Tiere, die schlecht geschlachtet wurden oder vor der Schlachtung tot waren
3. Tiere, die im Namen einer anderen Person als ALLAH (Gott) getötet wurden
4. Alkohol und Rauschmittel
5. Fleischfressende Tiere, Greifvögel und Landtiere ohne Außenohren
6. Blut und Blutnebenprodukte
7. Lebensmittel, die mit einem der oben genannten Produkte kontaminiert sind

Der Begriff Halal, das islamische Äquivalent von Koscher, bedeutet „ erlaubt“ oder „erlaubt für Muslime“. Die Halal-Zertifizierung von Lebensmitteln wird immer wichtiger, da die muslimische Bevölkerung des Landes wächst. Es ist auch wichtig für Exportaktivitäten.

Ein Halal-Zeichen reichte normalerweise aus, um jeden Muslim davon zu überzeugen, dass es sich bei den verkauften Lebensmitteln um die beworbenen Lebensmittel handelte. Das Geschäft mit Halal-Lebensmitteln ist sicherlich profitabel, insbesondere in Gebieten, in denen Muslime leben. Muslimische Kunden müssen eine persönliche Neugier auf das Produkt haben. Tatsächlich wollen einige Einzelhändler muslimische Kunden zum Kauf ihrer Produkte ermutigen, auch wenn sie verbotene Methoden herstellen oder anwenden. Der Koran betrachtet die vom Propheten Muhammad (Friede sei mit ihm) verkündete Botschaft, die islamische Gesetze oder die Scharia als Gnade gegenüber allen Schöpfungen vorschreibt. Somit ist das Grundprinzip der islamischen Gesetze Mitgefühl gegenüber dem gesamten Universum und das Ziel oder Maqasid der Scharia besteht darin, drei Kategorien von Vorteilen in absteigender Reihenfolge ihrer Wichtigkeit beizubehalten: nämlich das Wesentliche, das Ergänzende und das Verschönernde (Mawsu'). ah al-Fiqh al-Islami). Diese Vorteile sind für das Wohlergehen der

Menschheit von wesentlicher Bedeutung und bestehen aus der Aufrechterhaltung der folgenden Elemente: Glaube, Leben, Intellekt, Abstammung und Eigentum.

Die Verse des Korans richten sich mit Formulierungen an die Menschheit im Allgemeinen, die die Aufmerksamkeit der Menschen auf sich ziehen. 0 Männer und Gläubige; 0 diejenigen, die glauben, einschließlich männlicher und weiblicher Gläubiger. Es gibt auch Verse, die sich speziell nur an Frauen richten und gläubige Frauen auffordern, ihren Blick zu senken, und Verse, die sich speziell an die Frauen des Propheten (Friede sei mit ihm) richten. Es gibt auch Verse, die speziell an den Propheten gerichtet sind; 0 Prophet Doch obwohl die Verse des Korans direkt dem Propheten offenbart werden, sind sie für die gesamte Menschheit bestimmt.

Die Verse des Korans enthalten direkte und indirekte Anweisungen für den Menschen, sich Allah, dem Erhalter der Welten, völlig zu unterwerfen und ihm zu gehorchen. Die Unterwerfung und der Gehorsam des Menschen gegenüber Allah garantieren eine normale Ordnung in der Gesellschaft und das Wohlergehen des Einzelnen, sodass er als Sklave und Stellvertreter Allahs in dieser Welt das

Wesen seiner Schöpfung verwirklichen kann. So verurteilt der Koran Priester und Mönche, die von Allah abweichen und ihre eigenen Gesetze darüber verkünden, was gemäß ihren eigenen Wünschen erlaubt und ungesetzlich ist (Sure al- Tawbah , 9:31).

Im Koran beschränkt sich das Halal-Konzept nicht nur auf Speisen und Getränke. Im Gegenteil, es gilt für viele Aspekte des Lebens. Zum Beispiel ist es einem Mann erlaubt, sexuelle Beziehungen mit einer Frau zu haben, weil er eine Sklavin heiratet oder eine Sklavin besitzt: Wir haben euch eure Frauen erlaubt, denen ihr ihre Mitgift gezahlt habt, und diejenigen, denen ihr das Recht gegeben habt . Deine rechte Hand gehört zu den Kriegsgefangenen, die Allah dir zugewiesen hat (Sure al- Ahzab , 33:50). Auch für Lebensmittel und Fantiere gilt das Halal-Konzept: Alle vierbeinigen Tiere sind für Sie (zum Essen) erlaubt. Es wird auch mit gutem Essen in Verbindung gebracht: (Alle) guten und reinen Dinge sind für dich erlaubt (Sure al- Ma'idah 5:4) und Er erlaubt ihnen, was gut (und rein) ist, und verbietet ihnen, was schlecht ist. (und unrein) (Sure al- A'raf , 7:157).

Das Halal-Konzept eignet sich auch für die Zustimmung zum Krieg: denn sie machen ihn für ein Jahr erlaubt und für ein weiteres Jahr verboten, um die Anzahl der von Allah verbotenen Monate anzupassen und diejenigen, die verboten sind, für rechtmäßig zu erklären (Sure al-Tawbah , 9). : 37). Weitere Aktivitäten im Zusammenhang mit dem Halal-Prinzip sind Heirat und Scheidung: Es ist Ihnen (vielen weiteren) Frauen danach nicht gestattet, sie gegen (andere) Frauen zu tauschen (Sure al- Ahzab , 33:52); Sie sind Gläubige, also verweisen Sie sie nicht auf Ungläubige.

Sie sind für die Ungläubigen keine rechtmäßigen (Ehefrauen) und die (Ungläubigen) sind für sie keine rechtmäßigen (Ehemänner) (Sure al- Mumtahanah , 60:10). Darüber hinaus ist das Halal-Konzept auch mit der Art und Weise verbunden, Geschäfte zu machen: Allah hat den Handel erlaubt und verbietet Wucher (Sure al-Baqarah , 2:275), das Wort: „Sag aber nichts Falsches, was deine Zungen hervorbringen könnten; Dies ist erlaubt und jenes ist verboten, um Allah falsche Dinge zuzuschreiben (Sure al- Nahl , 16:116) und Nahrung: Also iss von der Nahrung, die Allah für dich bereitgestellt hat, rechtmäßig und gut, und sei dankbar dafür Gunst Allahs, wenn du Ihm dienst (Sure al- Nahl , 16 114).

Aus der obigen Erklärung geht hervor, dass die Anwendung von Halal weitreichend ist, viele Aspekte des Lebens umfasst und nicht auf Ernährung und eheliche Beziehungen beschränkt ist, wie herkömmlicherweise angenommen wird. Von den drei arabischen Wörtern, die in diesem Abschnitt vorkommen, kommen Halal und seine Ableitungen häufiger im Koran und im Hadith vor , während in der Fiqh-Literatur eher Mubāḥ und Jā'iz verwendet werden . Halal kann als eine Handlung, ein Objekt oder ein Verhalten definiert werden, bei dem der Einzelne freie Wahl hat und dessen Ausübung weder zu einer Belohnung noch zu einer Bestrafung führt. Halal wurde möglicherweise durch explizite Beweise in der Scharia oder durch Bezugnahme auf die Vermutung der Freizügigkeit (ibāḥah) identifiziert, wie unten erläutert.

Im koranischen Sprachgebrauch ist Halal gleichbedeutend mit Tayyib , dem, was angemessen und rechtmäßig ist. Tayyib ist ein Adjektiv und bedeutet im Wesentlichen jede Qualität, die den Geschmacks- und Geruchssinn als köstlich und angenehm empfindet. Tayyib wird auch in Bezug auf

Sprache als „angenehme Rede“ (Kalam Tayyib) und manchmal auch als Beschreibung der Frömmigkeit von Menschen und Engeln verwendet (vgl. Q 16:31). Sowohl Halal als auch Tayyib haben die grundlegende Bedeutung von Legalität, wie im folgenden Text: „Sie fragen dich *Muhammad+, was ihnen erlaubt ist (uhilla). Sprich: „Alle guten Dinge sind dir erlaubt (tayyibat) (Q 5:4). » An anderer Stelle verwendet der Koran Halal bzw. Tayyib mit ihren Gegensätzen:

Er [der Prophet] macht ihnen alle guten Dinge (tayyibat) erlaubt (yuhillu) und macht ihnen das Schmutzige und Schlechte (khaba'ith) ungesetzlich (yuharrimu) (7:157).

Das Gegenteil von Halal ist daher Haram, während das Gegenteil von Tayyib Khabith ist . Haram wird somit schmutzig und khabith, während Halal als Tayyib , angenehm und sauber, gemeint ist.

Offensichtlich wird eine Parallele zwischen Haram und Khabith gezogen , da sie dazu neigen, zusammenzufallen: Das Haram wird unrein und das Unreine wird haram, aber ich werde zu diesem Thema noch mehr zu sagen haben. In der Verwendung von Fiqh-Gelehrten und Lehrbüchern ist Halal ein Synonym für Mubah und Ja'iz , was alles eine

Freizügigkeit und eine neutrale Haltung der Scharia gegenüber Aspekten des menschlichen Verhaltens, einschließlich Essen, Freizeit, Reisen und Umgang mit Tieren, impliziert. , Brauchtum und Handel. Allerdings neigen Fiqh-Juristen dazu, Mubah und Ja'iz häufiger als Halal zu verwenden, um Scharia zu bezeichnen. Neutralität . Es ist interessant festzustellen, dass von diesen drei Begriffen Halal im Koran am häufigsten verwendet wird, während im Fiqh-Diskurs Mubah häufiger verwendet wird als in den anderen Synonymen. Halal und das Gegenteil von Haram sind koranische Begriffe, während Mubah und Ja'iz im Allgemeinen juristische Terminologien sind, die von der Fiqh-Tradition entwickelt wurden . Dies lässt sich vielleicht allgemeiner über die fünf berühmten Werteskalen sagen, die von obligatorisch (Wajib oder Fard) bis empfehlenswert (Mandub) und autorisiert reichen. mubah) , verwerflich (makruh) und verboten (haram). Nur die beiden Extreme dieser Skala sind koranische Terminologien , aber die restlichen drei Werte wurden von Fiqh- Schulen und Juristen entwickelt. Das 2./8. Jahrhundert war Zeuge

Aktivitäten in Idschtihad und Gerichtsurteilen (Fatawa). Es bedeutete auch die Ausweitung des Fiqh selbst und seine Auseinandersetzung mit Klassifizierung und theoretischen Indikatoren über die binären Wajib -Haram-Kategorien des Korans hinaus. Zu diesem Zeitpunkt war auch ein großer Teil des Hadith zusammengestellt, was den Fiqh-Gelehrten eine breite Palette an Daten für ihre wissenschaftliche Tätigkeit lieferte. Fiqh-Gelehrte haben die Werteskala sicherlich auf fünf und, wenn wir die zusätzlichen Spezifikationen der Hanafi-Schule berücksichtigen, auf sieben Wertepunkte erweitert, weil die Hanafis jeweils eine Unterkategorie zu Wajib und Makruh hinzugefügt haben . Fiqh-Gelehrte führten diese Übung natürlich nicht unabhängig aus, sondern im Lichte ihres allgemeinen Wissens über den Koran und die Hadithe und höchstwahrscheinlich als Zeichen des Respekts für die Heiligkeit dieser Quellen. Dies war auf die Richtlinien des Korans zurückzuführen, die zu einer gewissen Zurückhaltung in Bezug auf Haram rieten:

Und sag nicht über die Lüge, die deine Zungen reden: „Dies ist halal und jenes ist haram“, sonst erfindest du eine Lüge gegen Gott; denn diejenigen, die das tun, werden sicherlich keinen Erfolg haben. (Frage 16:116)

Die aus der islamischen Rechtsprechung bekannte Skala der fünf Werte, nämlich das Obligatorische, das Empfohlene, das Erlaubte, das Verwerfliche und das Verbotene wājib , mandūb , mubāḥ , makrūh und ḥarām) kommen weder im Koran noch im ḥadīth vor . Der Koran kann daher direkt das Wort Halal oder seine Ableitungen verwenden oder sogar erklären, dass es „ keine Sünde", „keine Verantwortung", „keine Schuld" oder sogar „Gott wird dich für dies und jenes nicht zur Rechenschaft ziehen" wird . , die alle Zulässigkeit implizieren. Dies gilt auch für Makrūh und Mandūb , für die im Koran und im Hadith verschiedene Ausdrücke verwendet werden . Wenn wir also in diesen Quellen Ausdrücke wie „Gott liebt" das und das nicht lesen oder wenn eine Handlung als „ein Gräuel", „gehasst", „fehlgeleitet" usw. beschrieben wird, deutet dies auf einen makrūh hin . , und das Gegenteil solcher Ausdrücke kann auch ein mandūb implizieren .

Die Textrichtlinien zu Halal legen nahe, dass die Grundfreiheit des Einzelnen nicht eingeschränkt werden sollte und dass der Umfang der Verbote nicht über das hinausgehen sollte, was im Text festgelegt ist. Die Genehmigung bzw. Halal blieb daher offen. Im Koran heißt es: „Heute ist euch alles Gute und Reine erlaubt“ (5:6); und „O ihr Menschen, esst von dem, was auf Erden erlaubt und gesund ist“ (2:168 und 172); und dann noch einmal: „O ihr, die ihr glaubt! Verbietet nicht die guten Dinge, die Allah für euch halal gemacht hat“ (5:87). Diese Sichtweise von Halal hat es Juristen ermöglicht, Richtlinien zu formulieren, wie zum Beispiel die folgende Rechtsmaxime: „Rechtmäßigkeit ist der grundlegende Maßstab in allen Dingen, es sei denn, es gibt Beweise für ein Verbot.“ Das Zulässigkeitsprinzip (ibāḥah) bedeutet auch, dass Freiheit die normative Stellung der Scharia in Bezug auf Lebensmittel, Tiere an Land und im Meer, Brauchtum, Handelsgeschäfte und Verträge ist.

Sofern kein klares Verbot vorliegt, ist alles erlaubt. Muslimische Juristen sind außerdem der Ansicht, dass alle Textbeweise, die die Vermutung der Zulässigkeit außer Kraft setzen, sowohl in ihrer Bedeutung als auch in ihrer Übermittlung ausschlaggebend sein müssen, einfach weil ein Harām nicht auf der Grundlage zweifelhafter Beweise wie einem schwachen Hadith oder einem Koranvers festgestellt werden kann vermittelt keine klare Bedeutung – in diesem Fall würde das Subjekt der Norm der Freizügigkeit unterliegen. Die beiden wichtigsten Ausnahmen von der Ibāḥah sind Fragen der Hingabe (ʿibādāt) und des Geschlechtsverkehrs zwischen einem unverheirateten Mann und einer unverheirateten Frau. Die Grundannahme hier ist, dass Andachtshandlungen (ʿibādāt) durch Klartext bestätigt werden müssen, andernfalls gelten sie als verboten.

Die Mālikis sind am großzügigsten, wenn es darum geht, Lebensmittel tierischen Ursprungs zuzulassen, die möglicherweise als Makrūh eingestuft oder von den anderen Schulen sogar verboten wurden. Die Schāfiʿis , die Ḥanafis und die Jaʿfaris oder Zwölferschiiten sind gemäßigt, während die Ḥanbalis

neigen dazu, restriktiv zu sein. Die Mālikis gestatten die Zulassung aller Arten von Land- und Meerestieren und Vögeln, einschließlich streunender Tiere (Jallalah), die sich von Dreck ernähren, sowie Raubvögeln sowie Ameisen, Würmern und Käfern, zum menschlichen Verzehr. Die meisten anderen Schulen erklärten sie zu Makrūh oder sogar ḥarām . Es gibt drei Arten von Halal/

Mubāḥ . Erstens die mubāḥ , die dem Einzelnen keinen Schaden zufügt, unabhängig davon, ob er handelt oder nicht, beispielsweise beim Reisen, Jagen oder Spazierengehen im Freien; zweitens mubāḥ , dessen Ausübung dem Einzelnen keinen Schaden zufügt, obwohl sie grundsätzlich verboten ist. Dazu kann der Verzehr von Aas gehören, um das eigene Leben zu retten.6 Die dritte Art von mubāḥ bezieht sich auf Verhaltensweisen, die vom Islam verboten sind, die aber vor dem Aufkommen des Islam begangen wurden oder, in Bezug auf Konvertiten, bevor sie die Religion nicht annehmen. Beispielsweise war der Konsum von Wein erst mit der Auswanderung des Propheten nach Medina verboten, daher galt er bis zur Offenbarung des Verses des Korans, der ihn schließlich für verboten erklärte, als mubāḥ (5:90).

Mubāḥ wurde weiter in drei Typen unterteilt:

Wirkt mubāḥ für den Einzelnen, aber empfehlenswert (mandūb) für die Gemeinschaft als Ganzes. Der Verzehr bestimmter Lebensmittel wie vegetarisches Essen, Rindfleisch, Hammelfleisch usw. ist für den Einzelnen ein Mubāḥ , aber für die Gemeinschaft als Ganzes ist es ein Mandūb , sie auf dem Markt verfügbar zu machen.

Handelt mubāḥ für den Einzelnen, aber verpflichtend (wājib) für die Gemeinschaft als Ganzes. Unter normalen Umständen mögen Essen, Trinken und Heiraten für den Einzelnen Mubāḥ sein , aber die Sicherstellung ihrer Verfügbarkeit ist ein Wajib für die Gemeinschaft und ihre Führer. Ebenso ist es Sache des einzelnen mubāḥ , seinen Tätigkeitsbereich und Beruf zu wählen, aber die Gemeinschaft als Ganzes ist verpflichtet, das Überleben bestimmter Arten von Industrien und Unternehmen sicherzustellen.

Handlungen, die gelegentlich mubāḥ sind, aber bei regelmäßiger Fortsetzung verboten sind. Zum Beispiel ist der gelegentliche Gebrauch harter Worte gegenüber dem eigenen Kind mubāḥ , aber verboten, wenn er ständig praktiziert wird, und makrūh , wenn er häufig praktiziert wird.

2- Globaler Halal-Standard

Obwohl die Halal-Zertifizierung als Schlüsselfaktor für die erfolgreiche Entwicklung der globalen Halal-Industrie gilt, steht die Branche immer noch vor dem Problem unterschiedlicher Zertifizierungsstandards. Das Fehlen

eines einzigen, einheitlichen globalen Halal-Standards ist ein dringendes Problem
die Halal-Industrie . Derzeit behindern unterschiedliche Halal-Standards zwischen und innerhalb der Länder aufgrund der Präsenz verschiedener Halal-Behörden und in einigen Fällen Missbräuche bei der Halal-Prüfung und -Zertifizierung die zukünftige Entwicklung der Branche. Darüber hinaus haben unterschiedliche Interpretationen zu wichtigen Themen wie Schlachtmethoden, Verpackung, Logistik, Gelatine, Lebensmittelaromen und tierischen Enzymen die weitere Entwicklung der globalen Halal-Industrie behindert. Es gibt Vorteile, wenn ein globaler Halal-Standard und ein harmonisiertes Halal-Zertifizierungssystem weltweit eingeführt werden. Ein globaler Halal-Standard und ein Zertifizierungssystem würden die Produktentwicklung beschleunigen, den Verbrauchern mehr Sicherheit bieten, die Anzahl mehrfacher Zertifizierungen verringern und letztendlich die Zykluszeit in der Lieferkette verkürzen.

Geografische Standorte und ethnische Unterschiede haben auch zu unterschiedlichen Halal-Konzepten geführt, die von Muslimen auf der ganzen Welt übernommen wurden.

Dieses Problem wird durch die mangelnde gegenseitige Anerkennung zwischen den 300 Halal-Zertifizierungsstellen weltweit verschärft. Im Vereinigten Königreich erlauben einige Zertifizierungsstellen den Einsatz elektrischer Betäubung als Teil der Schlachtmethode, während das Halal Surveillance Committee und der Muslim Council of Britain diese Praxis entschieden ablehnen. Auch die Einrichtung von Halal-Zertifizierungsstellen ist von Land zu Land unterschiedlich. In Malaysia, Indonesien, Brunei und Singapur werden Halal-Zertifikate von staatlichen oder quasi- staatlichen Stellen ausgestellt. In nicht-muslimischen Ländern wie Europa werden Halal-Zertifizierungen entweder von privaten Zertifizierungsstellen , islamischen Verbänden und in manchen Fällen sogar Moscheen ausgestellt. Im Nahen Osten gehen die Verbraucher davon aus, dass alle Lebensmittel Halal sind, und erlegen diese Verpflichtung der Regierung auf.

Mehrere Initiativen auf globaler Ebene zielen darauf ab, einen globalen Halal-Standard zu etablieren. Die Gründung des World Halal Council im Jahr 1999 war der erste Schritt in diese Richtung. Die Arbeit des Rates zur Entwicklung eines internationalen Zertifizierungsstandards verläuft nicht ohne Schwierigkeiten, insbesondere aufgrund des Widerstands verschiedener Seiten, darunter auch der Halal-Zertifizierungsstellen. Vor kurzem wurde die International Halal Integrity Alliance oder IHI Alliance gegründet, um die Harmonisierung von Halal-Standards voranzutreiben. Die IHI Alliance ist eine nichtstaatliche, gemeinnützige Organisation, deren Ziel es ist, „ihren Mitgliedern eine Plattform für den Informationsaustausch zu bieten und sich für die Aufrechterhaltung der Integrität der Halal-Industrie einzusetzen; Bereitstellung eines Kommunikationskanals für seine Mitglieder mit relevanten Parteien; und die Halal-Industrie stärken, um ihr höchstes Potenzial auszuschöpfen. Die IHI Alliance hat in Zusammenarbeit mit der Islamischen Handels- und Industriekammer (ICCI) vier Halal-Standardmodule veröffentlicht, die grundlegende Richtlinien bilden werden, um den OIC-Mitgliedsländern dabei zu helfen, ein strukturiertes nationales Halal-Sicherheitssystem einzurichten und die Zertifizierungspraktiken im Hinblick darauf zu rationalisieren zur Wahrung der Halal-Integrität.

3- Neue muslimische Verbraucher

Die muslimische Welt erlebt einen erheblichen „Jugendüberschuss“: 60 % der Bevölkerung der Länder mit muslimischer Mehrheit sind unter 30 Jahre alt. Diese junge Generation von Muslimen ist ein Motor des Wandels für die Halal-Industrie. Sie verlangen ein vielfältiges Angebot an Halal-Konsumgütern und Finanzprodukten, die ihren spezifischen Ernährungs-, Lebensstil- und Finanzparametern des islamischen Glaubens entsprechen. Aufgrund ihres starken Identitätsgefühls als Muslime möchten diese neuen muslimischen Verbraucher mit Halal-Marken in Verbindung treten. Angesichts ihrer wachsenden Größe werden junge Muslime einen erheblichen kulturellen Einfluss auf die Konsumgewohnheiten der gesamten globalen muslimischen Gemeinschaft haben. Dies ist eine Generation, die eine islamische Lebensweise annimmt und in ihrem täglichen Leben zunehmend über die Halal-Bewahrung informiert ist. Eine Studie von Ogilvy & Mather ergab, dass Muslime stolz auf ihre Religion sind, eine hohe Kaufkraft und ein ausgeprägtes Konsumverhalten haben. Der Bericht zeigt auch einen deutlichen Wandel in der

Einstellung muslimischer Verbraucher gegenüber Halal-Marken. Obwohl die Halal-Zertifizierung wichtig für die Zertifizierung ist, reicht sie allein nicht mehr aus, um junge Muslime von der Integrität der Marke zu überzeugen. Sie bevorzugen eine Marke, die Lösungen bietet, die über Halal-Aspekte hinausgehen, ohne die Halal-Integrität aus den Augen zu verlieren. Sie interessieren sich auch mehr dafür, woher die Marke kommt und welche Unternehmen hinter dieser Marke stehen.

Diese jungen Muslime sind gebildet, technikaffin, vernetzt und bereit, sich zu engagieren. Sie nutzen ihr Wissen über die Welt und ihre Erfahrungen, um ihr Leben und das der Menschen um sie herum zu verbessern. Da sie technisch versiert sind und über soziale Medien in Verbindung bleiben, zögern sie nicht, Technologie zu nutzen, um ihre Ideen über ihre eigenen geografischen und kulturellen Grenzen hinaus zu teilen und voranzutreiben. Dies wurde während des Aufstands des Arabischen Frühlings sehr deutlich. Dies hat erhebliche Auswirkungen auf Halal-Produkte, da diese neue Generation muslimischer Verbraucher die Macht hat , den Marktwert jedes Produkts oder jeder Dienstleistung durch die Nutzung sozialer Medien zu beeinflussen.

Ein Bericht von Ogilvy Noor ergab außerdem, dass diese neue Gruppe muslimischer Verbraucher eine tiefe Beziehung zu Marken hat und nach Marken sucht, die an wichtigen Werten wie Bescheidenheit, Transparenz, Reinheit und Freundlichkeit festhalten. Eine weitere Marktstudie von JW Thompson zeigte, dass junge Muslime markenbewusster sind. Der Bericht zeigt, dass mehr als 80 % Marken kaufen möchten, die ihre muslimische oder kulturelle Identität unterstützen, während 75 % eine Marke kaufen würden, die ihnen das Gefühl gibt, Teil der größeren Gemeinschaft zu sein. Insgesamt ist die neue Gruppe muslimischer Verbraucher dynamischer in ihren Vorlieben, Vorlieben und Werten, behält aber eine starke Identität gegenüber dem Islam und seiner Kultur. Eine weitere bedeutende Veränderung im muslimischen Lebensstil ist der Trend zur Bequemlichkeit, also zum Verzehr von Fertiggerichten, anstatt sie von Grund auf zuzubereiten. Sie haben auch einen anspruchsvolleren Geschmack bei Lebensmitteln, was zu einer Nachfrage nach Premium-Halal-Produkten führt. Der sich ändernde

Verbrauchergeschmack und diese sich ändernden Trends versprechen nicht nur eine wachsende Nachfrage nach Halal-Lebensmitteln, sondern erfordern auch eine Diversifizierung des Halal-Marktes mit Schwerpunkt auf Herkunft der Zutaten, gesundheitlichen Vorteilen und Qualität. Innovationen bei Halal-Produkten werden daher nicht nur von wohlhabenderen muslimischen Verbrauchern vorangetrieben, sondern auch von ihrem wachsenden Interesse an sicheren, qualitativ hochwertigen Produkten.

4- Die Halal-Wirtschaft

Der Wert der Halal-Industrie ist fast doppelt so hoch wie der des islamischen Finanzdienstleistungssektors. Doch bis vor Kurzem entwickelten sich die beiden Sektoren unabhängig voneinander. Dies bedeutet, dass sich normale Muslime mehr Gedanken darüber machen, was sie essen oder tragen, als über den „Halal"-Charakter der von ihnen verwendeten Finanzprodukte. Es wächst jedoch die Erkenntnis, dass beide einander für ihr jeweiliges Wachstum und ihre Entwicklung brauchen. Beispielsweise suchen islamische Finanzinstitute nach echten islamischen Vermögenswerten (die derzeit Mangelware sind); und

Halal-Produzenten und -Hersteller benötigen dringend Kapital. Da es sich bei den meisten Halal-Produzenten um kleine und mittlere Unternehmen handelt, können sie nicht von den Kapitalmärkten profitieren, die im Großen und Ganzen große Unternehmen begünstigen. Islamische Kapitalmärkte haben auch große Unternehmen begünstigt, entweder durch Kapitalbeteiligungen (privat und öffentlich) oder durch die Ausgabe von Sukuk .

Es besteht jedoch eine echte Chance für beide Sektoren, voneinander zu profitieren. Die Halal-Industrie kann effektiv alle verfügbaren Finanzmittel islamischer Finanzinstitute absorbieren. Es gibt erste Anzeichen dafür, dass man sich der Notwendigkeit einer Konvergenz in diesen beiden Sektoren bewusst ist. Malaysia, ein globales Kompetenzzentrum für den islamischen Finanzdienstleistungssektor, entwickelt sich auch zu einem führenden Unternehmen bei der Förderung von Halal-Waren und -Dienstleistungen. Um die Konvergenz zu beschleunigen, sollten Halal-Herstellern Anreize geboten werden, eine Scharia-konforme Bilanz aufrechtzuerhalten . Derzeit sind die meisten Halal-Hersteller keine Kunden oder Nutzer islamischer Finanzen. Dies liegt vor allem daran, dass die Nutzer von Halal-Gütern und -Dienstleistungen aufgrund der Dichotomie zwischen „Konsum-Islam" und „Finanz-Islam" nicht unbedingt diejenigen sind, die islamische Finanzdienstleistungen abonnieren. Daher sind Unternehmen, die bereits im Halal-Sektor tätig sind, nicht verpflichtet, islamische Finanzen einzuführen. Da rund 80 % der Unternehmen, die Halal-Produkte herstellen, von Nicht-Muslimen kontrolliert werden, gibt es für sie keinen religiösen Anreiz, sich am islamischen Finanzwesen zu beteiligen. In den meisten Ländern ist die konventionelle Finanzierung gut etabliert und Unternehmen, die Halal-Produkte herstellen, neigen dazu, Modelle nur ungern zu ändern, wenn sich daraus erhebliche wirtschaftliche oder monetäre Vorteile ergeben.

Die Konvergenz zwischen den beiden Sektoren ist unvermeidlich, wird jedoch weitgehend durch Regulierung vorangetrieben, auch wenn beide Sektoren weitgehend nachfragegesteuert sind. Sobald sich der Wettbewerb im Halal-Sektor verschärft, dürfte die Konvergenz zu einem angebotsgesteuerten Phänomen werden, da viele Halal-Hersteller damit beginnen werden, sich nicht nur als Halal, sondern auch als im Einklang mit dem Scharia-Gesetz zu vermarkten. Auf der Angebotsseite gibt es einige erste Entwicklungen zu diesem Phänomen. Ein Beispiel ist das Aufkommen Scharia-konformer multilateraler Handelsplattformen , die sich auf die Bereitstellung scharia-konformer Kapitalmarktprodukte für kleine und mittlere Halal-Unternehmen konzentrieren. Shari'ah UMEX (das zugegebenermaßen noch nicht seinen Betrieb aufgenommen hat) in London repräsentiert einen solchen Trend. Die synergetische Konvergenz dieser beiden leistungsstarken und schnell wachsenden Industrien wird die Grundlage einer neuen Halal-Wirtschaft bilden. Wachsende Marktmacht Einem Bericht der Vereinten Nationen zufolge ist der Islam nach dem Christentum die zweitgrößte Religion. UN-Statistiken verzeichneten ein jährliches Wachstum der Zahl der Muslime von rund 6,4 %, verglichen mit 1,46 % bei den Christen. Dieselben Statistiken zufolge ist jeder fünfte Mensch auf der Welt aufgrund seiner Geburt oder geografischen Herkunft Muslim. Basierend auf den vorherigen Statistiken stellen Muslime einen riesigen globalen Markt für Halal-Produkte und -Dienstleistungen dar, und da Muslime im Allgemeinen stark an religiösen Grundsätzen festhalten und zunehmend wählerisch und sensibilisiert für den Halal-Charakter ihres Lebensstils sind, insbesondere bei Lebensmitteln, besteht die Aussicht auf a Der Halal-Markt ist riesig. Um die enormen Chancen zu nutzen, die die Halal-Industrie bietet, müssen daher mehrere Aspekte des Halal-Konzepts von allen berücksichtigt werden, auch von nicht-muslimischen Geschäftsleuten. Die folgenden Maßnahmen stellen einen erfolgreichen Ansatz für den Halal-Handelssektor dar, um sich in diesem vielversprechenden und lukrativen Markt einen Wettbewerbsvorteil zu verschaffen . Muslime stellen etwa 23 % der Weltbevölkerung oder etwa 1,8 Milliarden Verbraucher dar, mit einer durchschnittlichen Wachstumsrate von 3 % pro Jahr. Dieser Markt bietet enormes Potenzial für Unternehmen, Organisationen und andere aus dem Westen und muslimischen Ländern und verzeichnet ein starkes Wachstum. Es wird erwartet, dass die weltweite muslimische Bevölkerung in den nächsten 20 Jahren um etwa 35 Prozent wächst, von 1,6 Milliarden im Jahr 2010 auf 2,2 Milliarden im Jahr 2030, was 26,4 Prozent der prognostizierten Gesamtbevölkerung von 8,3 Milliarden Menschen entspricht. Bis 2050 könnte die muslimische Bevölkerung 2,6 Milliarden erreichen und fast 30 Prozent der prognostizierten Weltbevölkerung ausmachen. Darüber hinaus wird erwartet, dass bis 2030 in 79 Ländern mindestens eine Million muslimische Einwohner leben werden, während es derzeit 72 Länder sind. Auch wenn es vielen westlichen Wirtschaftsführern nicht bewusst ist, wird die Mehrheit der Muslime weltweit (über 60 %) weiterhin im asiatisch-pazifischen Raum leben, während etwa 20 % im Nahen Osten und in Nordafrika leben werden. Muslime werden in Europa und Amerika weiterhin relativ kleine Minderheiten bleiben, in diesen Regionen jedoch einen wachsenden Anteil der Gesamtbevölkerung ausmachen. Um in Asien sowie im Nahen Osten und Nordafrika erfolgreich zu sein, müssen westliche Unternehmen lernen, den muslimischen Markt in großem Maßstab zu verstehen und zu adressieren.

Ein demografischer Faktor macht den muslimischen Markt für verschiedene Unternehmen besonders attraktiv: Er ist überwiegend jung und Teil einer aufstrebenden Mittelschicht auf dem Weg zu mehr Konsum. Die islamische Lehre ist im Großen und Ganzen nicht asketisch und entmutigt weder Handel noch Konsum. Ebenso trennt es nicht den Staat von der Religion, was bedeutet, dass Muslime ihren Glauben in enger Verbindung mit den politischen, sozialen und kulturellen Rollen ausüben, die sie in der Gesellschaft spielen. In mehrheitlich und minderheitlich islamischen Ländern in Asien, dem Nahen Osten, Afrika und Europa intensiviert sich die Handelsaktivität , wobei der Wert des islamischen Handels derzeit auf Milliarden von Dollar geschätzt wird. Der muslimische Markt ist groß, lukrativ und unterversorgt. Es hat bereits die Aufmerksamkeit vieler westlicher multinationaler Unternehmen auf sich gezogen. Nestlé stellt viele seiner Marken mithilfe von Halal-Verfahren her und arbeitet mit Halal-Akkreditierungsagenturen zusammen, um sein Wachstum in islamischen Märkten zu beschleunigen. Im Jahr 2008 erzielte Nestlé allein mit Halal-Produkten einen Umsatz von 5,2 Milliarden US-Dollar. Mehrere westliche Fast-Food-Ketten , darunter Nandos , Burger King und Subway, eröffnen weitere Filialen, die Halal-Produkte anbieten, und Körperpflege- und Kosmetikhersteller wie Unilever und L'Oréal haben ihre Rezepturen und ihr Marketing angepasst und Produkte und Kampagnen eingeführt, um zu gewinnen die

Loyalität eines der am schnellsten wachsenden Segmente in Entwicklungsländern: muslimische Frauen aus der Mittelschicht. Doch neben diesen immensen Chancen stehen Unternehmen bei der Erschließung muslimischer Märkte vor Kommunikationsproblemen und können aufgrund von Vorurteilen und Fehlinformationen eine negative Reaktion der Verbraucher in ihren Heimatmärkten riskieren. Im November 2010 erlebte KFC beispielsweise eine Gegenreaktion der Verbraucher, als in den Nachrichten bekannt wurde, dass einige seiner britischen Filialen auf eine reine Halal-Speisekarte umgestellt hatten. Schnell entstand eine Facebook-Gruppe mit mehreren tausend Mitgliedern, die gegen die vermeintliche Auferlegung von Halal-Praktiken in der britischen Öffentlichkeit protestierten. Das Problem wurde noch schlimmer, als sich die Diskussion auf die Natur der Halal-Schlachtung verlagerte und extrem schädliche Sprache in die Diskussion eingebracht wurde. Tatsächlich kommt es regelmäßig zu Gegenreaktionen dieser Art, wenn Unternehmen in den muslimischen Raum vordringen. In vielen Fällen kommen die negativen Reaktionen von Nicht-Muslimen und manifestieren sich in den Medien oder zunehmend auch auf digitalen Plattformen. Unternehmen, die diese Kommunikationsherausforderungen – sei es auf dem muslimischen Markt oder in der breiten Öffentlichkeit – nicht vollständig angehen, gefährden ihren Ruf erheblich. Unternehmen beginnen zu verstehen, welch große Chance der muslimische Verbraucher darstellt. Aber die Bewältigung dieses Marktes ist nicht so einfach wie die Bewältigung anderer milliardenschwerer Verbrauchermärkte wie Indien und China. Erstens stellt die muslimische Gemeinschaft keine einzige, homogene Gruppe dar. Muslime leben in jedem Land der Welt, repräsentieren alle Rassen und kommen aus allen sozialen und wirtschaftlichen Schichten. Und obwohl sie den roten Faden ihres Glaubens teilen, haben sie ihre eigenen kulturellen, regionalen oder lokalen Nuancen, Vorlieben und Praktiken. Obwohl der Islam oft mit der arabischen Welt und dem Nahen Osten in Verbindung gebracht wird, leben in dieser Region nur 20 % der muslimischen Weltbevölkerung. Es wird erwartet, dass diese Zahl in den nächsten zwei Jahrzehnten um mehr als ein Drittel steigen wird. In Afrika südlich der Sahara leben 15 % der Muslime weltweit und es wird erwartet, dass die Zahl in den nächsten zwei Jahrzehnten um fast 60 % wächst. Etwa ein Fünftel der Muslime lebt in einem Land oder einer Region, in der sie eine Minderheit sind. Obwohl Muslime in Europa und Amerika eine Minderheit bleiben, werden sie einen wachsenden Anteil der Gesamtbevölkerung ausmachen.5 Die muslimische Gemeinschaft in Europa wird voraussichtlich um fast ein Drittel wachsen, von 44,1 Millionen im Jahr 2010 auf 58,2 Millionen im Jahr 2030 Auf dem amerikanischen Kontinent wird erwartet, dass sich die Zahl der Muslime im gleichen Zeitraum verdoppelt.

Der große und wachsende muslimische Verbrauchermarkt auf der ganzen Welt wird weiterhin ein zweistelliges Wachstum in der Halal-Industrie antreiben und eine Fülle von Möglichkeiten auf dem Markt für Halal-Produkte und -Dienstleistungen schaffen. Das wachsende Bewusstsein muslimischer Verbraucher für ihre religiösen Verpflichtungen hat auch zur wachsenden Nachfrage nach Halal-Produkten und -Dienstleistungen beigetragen. Die Bevölkerungsstruktur der Muslime hat sich in den letzten Jahren erheblich verändert. In der aufstrebenden sozialen Schicht hochgebildeter, kluger und wohlhabender junger Muslime, die einen „zeitgenössischen Islam mit einem globalen Lebensstil“ befürworten, gibt es mittlerweile eine Welle religiöser Begeisterung. Diese neue Generation von Muslimen bevorzugt westliche Produkte und strebt einen modernen Lebensstil an, da sie als Verbraucher, Angestellte, Reisende, Investoren, Hersteller, Einzelhändler und Händler immer stärker in die Weltwirtschaft integriert werden. Dies hat zu einer weltweiten Nachfrage nach Konsumgütern und Dienstleistungen geführt, die den islamischen Werten entsprechen. Die Vielfalt des muslimischen Verbrauchers kann sich als Herausforderung für diejenigen erweisen, die Märkte als Geografien betrachten und denen das Konzept eines über Marktgrenzen hinweg wirkenden islamischen Bewusstseins fremd ist. Auch lässt sich die muslimische Wirtschaft nicht so einfach definieren wie andere grenzüberschreitende Märkte wie die „grüne Wirtschaft“ oder der „rosa Dollar“. Der Ökonom Ben Simpfendorfer weist darauf hin, dass sich allmählich starke kulturelle und historische Bindungen zwischen der muslimischen und der nichtmuslimischen Welt herausbilden. Er nennt als Beispiel China ein Land, das muslimische Chancen ausnutzt.

In seinem Buch „Die neue Seidenstraße“ nennt er das Beispiel der Stadt Yiwu , wo jedes Jahr rund 200.000 arabische Staatsangehörige die chinesische Küstenstadt besuchen, da sich dort der größte Großhandelsmarkt für Konsumgüter aus China befindet. Was Yiwu auszeichnet , ist, dass es den Handel bequemer gemacht hat, insbesondere für muslimische Käufer im Nahen Osten und darüber hinaus. Abgesehen von Produkten, die muslimische Verbraucher ansprechen, liegt der Erfolg von Yiwu in der offenen Haltung der chinesischen Regierung gegenüber muslimischen Händlern und Verbrauchern. Die Regierung hat eine Gebetshalle für fast 10.000 Gläubige gebaut, Halal-Essen ist leicht erhältlich, während von der Regierung ernannte und subventionierte Geistliche Gebete leiten - zu einer Zeit, in der westliche Regierungen die Minarette von Moscheen (Schweiz) oder öffentlichen Plätzen noch einmal in Frage stellen. Gebetstreffen (Frankreich). Für Marken, die Wege finden, den muslimischen Verbraucher zu umarmen und einzubinden, sind die Belohnungen groß. Und intelligente, überzeugende Kommunikation wird eine entscheidende Rolle dabei spielen, einen Verbrauchermarkt anzusprechen, der bereits fast ein Viertel der Menschheit ausmacht.

Es wurde bereits viel über islamische Finanzen und die Halal-Chance geschrieben, und zwar ausführlicher, als wir diskutieren. Unser Ziel in diesem Bericht ist es, die Entwicklung der Chance zu signalisieren, Bereiche hervorzuheben, in denen das größte Potenzial liegt, und die Kommunikations- und Reputationsprobleme zu analysieren, über die sich Unternehmen im Klaren sein müssen. Obwohl der Markt viele Facetten und Nischensegmente aufweist, ist das Verständnis des Oberbegriffs „Halal“ für die Annäherung an diesen Markt von grundlegender Bedeutung.

Die größte Chance auf dem Halal-Markt sind zweifellos Lebensmittel, und hier liegt auch die größte Herausforderung. Tatsächlich ist der Begriff Halal in einigen Ländern mit muslimischer Minderheit zum Synonym für Essen geworden und wird fast überall mit dem rituellen Schlachten (oder Zabiah) von Tieren in Verbindung gebracht. Dies hat den Diskurs über Halal eingeengt, den Handlungsspielraum vieler Organisationen eingeschränkt und zu Missverständnissen und

Reputationsproblemen beigetragen. Nach Ansicht einiger Nicht-Muslime widerspricht Halal den allgemeinen Empfindlichkeiten, indem es verlangt, dass sämtliches Blut aus Fleisch entnommen werden muss (genauso wie bei koscheren Lebensmitteln). Daher ist Halal für einige Zielgruppen zu einem negativen Wort geworden. Aber angesichts der Größe des Marktes und der relativen Leichtigkeit , mit der Lebensmittel auf Halal „umgestellt" werden können , haben einige Unternehmen stillschweigend „Halal heimlich" eingeführt. Dies verschärfte das Problem jedoch nur und behinderte laut diesem Bericht die breitere Verfügbarkeit und Akzeptanz von Halal-Produkten.

Die Medien haben diesen wachsenden Trend schnell aufgegriffen und Unternehmen kritisiert, die auf Halal-Produkte umgestiegen sind, ohne die Verbraucher zu informieren. Dies hat oft zu einer Zurückhaltung der Verbraucher geführt und gleichzeitig den Ruf der Unternehmen und des Halal-Marktes geschädigt. Im Vereinigten Königreich beispielsweise wurde Kellogg's von den Medien dafür kritisiert, dass es die Halal-Zertifizierung auf Müslischachteln vornahm, ohne offiziell bekannt zu geben, dass das Produkt Halal-konform ist. Die Kritik an Kellogg's weitete sich schnell zu einem Angriff auf Halal-Lebensmittel im Allgemeinen aus.

Der Marketingleiter einer großen Fast-Food-Kette erläuterte die Herausforderung, vor der sein Unternehmen mit Halal steht: „Wir wissen, dass der Halal-Markt riesig und sein Potenzial groß ist, aber es gibt auch Herausforderungen, die uns daran gehindert haben, Halal vollständig zu unterstützen." Abgesehen von den großen Problemen der Halal-Zertifizierung und der Vielfalt des Marktes insgesamt besteht die Herausforderung, vor der wir immer noch stehen, darin, ein Gleichgewicht zwischen den Bedürfnissen der Verbraucher muslimischer Minderheiten und denen anderer Verbraucher zu finden. Wir stehen vor Kommunikationsproblemen und Gegenreaktionen, wenn unsere Hauptkonsumenten glauben, dass sie Halal-Produkte erhalten. Es gibt großen Widerstand gegen Halal und dies ist hauptsächlich auf ein Missverständnis darüber zurückzuführen, was Halal ist. Die meisten Verbraucher verbinden Halal immer noch mit ritueller Schlachtung und fühlen sich unwohl, wenn ihren

Produkten Religion „injiziert“ wird. Das größte Problem ist das mangelnde Verständnis.

Kurz gesagt bietet Halal eine großartige Gelegenheit, einen relativ unerschlossenen Markt anzusprechen, aber nur, wenn es richtig gemacht wird. Einerseits muss der muslimische Markt sicher sein, dass das Halal-Produkt echt und unverfälscht ist. Wie der Blog-Autor Knowledge@Wharton feststellt : „Der Halal-Status sollte erhalten bleiben und nicht missbraucht werden. Wenn Verbraucher das Vertrauen in den Halal-Status des Produkts verlieren, werden sie es nicht mehr kaufen .“ Andererseits brauchen nicht-muslimische Zuschauer die Möglichkeit, Halal auf eine nicht-emotionale Art und Weise zu verstehen.

5- Das wissenschaftliche Prinzip von Halal

Das moderne Leben wird weitgehend von Wissenschaft und Technologie beeinflusst, was sich später auch auf den Halal-Aspekt der täglichen Aktivitäten ausgewirkt hat. Es liegt in der Natur des Menschen, sich alles Gute im Leben zu wünschen, in Form von Kleidung, Nahrung, Unterkunft, Interaktion mit anderen Menschen und einer gesunden Umwelt. Im Islam bringt alles Halal der Menschheit Güte und Wohlstand, schadet dem Leben nicht und hebt den Menschen tatsächlich auf eine höhere Ebene in dieser Welt. Andererseits wird etwas, das haram ist, als körperlich und geistig unrein, minderwertig und fehlerhaft wahrgenommen, Eigenschaften, die der Menschheit von Natur aus zuwider sind. Alles, was haram ist, stellt schädliche Elemente dar, die die Psyche und das körperliche Wohlbefinden des Menschen beeinträchtigen. Forschung, die das Halal-Konzept mit der Wissenschaft verbindet, konzentriert sich auf universelle Vorteile, natürliche menschliche Veranlagung, Gesundheit, Sauberkeit und Qualität. Das Halal-Konzept bringt die universelle Natur des Islam auf den Punkt. Daher ist die wissenschaftliche Forschung zum Halal-Konzept lobenswert.

Respektieren Sie die Überzeugungen anderer: Nicht-muslimische Lebensmittelhersteller müssen muslimische Überzeugungen und Prinzipien in Bezug auf Halal kennen und respektieren, zu denen Lebensmittel, Kleidung, Finanztransaktionen und andere gehören. Es ist Teil eines Glaubenssystems und eines moralischen Verhaltenskodex, der integraler Bestandteil des täglichen muslimischen

Lebens ist. Daher wäre es unklug und schädlich für Hersteller, Muslime bewusst herauszufordern, indem sie nicht-halal-Elemente in vermeintlich halal-Lebensmittel, -Kleidung und -Dienstleistungen einführen, da dies das Vertrauen der Verbraucher untergraben und somit die Integrität dieser Produkte beeinträchtigen würde. Produkte und stellen eine Herausforderung für das Wachstum dieses Marktes dar.

Die Prinzipien von Halal verstehen: Globale Entwicklungen und Trends zeigen heute eine wachsende Tendenz bei Menschen unterschiedlichen Glaubens, sich mit den religiösen Überzeugungen anderer vertraut zu machen, was zu einem Bewusstsein für die Bedeutung von Produkten und Halal- oder Scharia-konformen Dienstleistungen führt . Halal wird auch von nicht-muslimischen Verbrauchern als neuer Maßstab für Sicherheit, Hygiene und Qualitätssicherung anerkannt. Da das Konzept von Halal über den Konsum hinausgeht und kein rein religiöses Thema mehr ist, sondern Wirtschaft und Handel umfasst, ist es wichtig, dass das Konzept vollständig verstanden und aus einer breiteren Perspektive betrachtet wird, insbesondere von Händlern von Konsumgütern, seien es Lebensmittel oder Nahrungsmittel. Kategorien von Non-Food-Produkten oder -Dienstleistungen. Es ist wichtig zu verstehen, was Halal ausmacht, denn je religiöser oder bewusster Verbraucher werden, desto mehr werden sie nach Produkten oder Dienstleistungen suchen, die ihre religiösen Bedürfnisse befriedigen. Daher ist es für Hersteller wichtig, das Konzept und die Prinzipien von Halal zu verstehen und strenge Vorschriften und Qualitätsstandards bei der Produktion von Halal-Produkten und -Dienstleistungen einzuführen, um aus dieser Marktnische Kapital zu schlagen.

Interessengruppen aus allen Bereichen der Halal-Industrie müssen den gesamten Umfang von Halal-Produkten kennen, die verschiedene Phasen von der Verarbeitung, Verpackung, Lagerung, dem Transport und dem Kochen umfassen, beispielsweise bei der Herstellung von Halal-Hähnchen. Der Halal-Aspekt beginnt bei der Hühnerfütterung, an der Hühnerfutterhersteller beteiligt sind. Es liegt in ihrer Verantwortung, Halal-Lebensmittelzutaten für Hühnerzüchter zuzubereiten. Hühnerfutter sollte nicht aus einer Quelle stammen, die im

Islam illegal ist, wie Schweinefleisch, tote Tiere, die nicht ordnungsgemäß geschlachtet wurden, mit Alkohol vermischte Getränke oder etwas Unreines, das im Islam als haram gilt. Auch aus verpackungstechnischer Sicht sollte die Verpackung aus Halal-Materialien bestehen. Das Liefersystem muss außerdem klar und unanfechtbar sein. Beispielsweise sollten Hühnerfutterzutaten bei der Lieferung nicht mit illegalen Produkten vermischt werden. Priorisierung der Bedürfnisse von Halal-Verbrauchern: Die Stärkung von Forschung und Entwicklung zur Erforschung neuer Produkte und zur Verbesserung der Prozesse in der Halal-Industriekette wird das Wachstum in diesem Sektor fördern. Die Akteure der Halal-Branche müssen ständig innovative Produkte entwickeln und ihre technologischen Fähigkeiten verbessern, um das Vertrauen und die Zufriedenheit der Kunden zu gewinnen. Das Verständnis und die Formulierung der Kundenbedürfnisse ist in jedem Unternehmen wichtig, insbesondere im Halal-Bereich, wo die Einhaltung von Halal-Standards streng ist. Akteure der Halal-Branche müssen sich darüber im Klaren sein, dass ihre muslimischen Kunden in ihrem täglichen Geschäft an Halal-Anforderungen gebunden sind und es in ihrem

Interesse liegt, ihren Kunden den bestmöglichen Service zu bieten.

Es muss daher betont werden, dass der Halal-Charakter eines Produkts bereits mit dem Beginn seiner Herstellung beginnt. Bei der Halal-Hühnerproduktion beispielsweise müssen die Lieferkette und der Produktionsprozess in allen Phasen Scharia-konform sein. Der Halal-Aspekt beginnt mit der Fütterung der Küken. Dabei handelt es sich um Hühnerfutterhersteller. Es liegt in ihrer Verantwortung, Halal-Lebensmittelzutaten für Hühnerzüchter zuzubereiten. Hühnerfutter darf nicht aus Quellen stammen, die im Islam illegal sind, wie zum Beispiel mit Schweinefleisch, toten Tieren, die nicht ordnungsgemäß geschlachtet wurden, mit Alkohol vermischten Getränken oder irgendetwas, das aus islamischer Sicht als unrein gilt. Aus verpackungstechnischer Sicht sollte die Verpackung aus Halal-Material bestehen. Ebenso muss der Transport von Tierfutter Scharia-konform sein . Hühnerfutter sollte beispielsweise nicht zusammen mit illegalen Produkten gelagert werden. Kurz gesagt: Es ist äußerst wichtig sicherzustellen, dass in der gesamten Lieferkette die Halal-Anforderungen eingehalten werden.

Durchsetzung von Halal-Gesetzen: Die malaysische Regierung hat zahlreiche Gesetze erlassen, um die Interessen von Halal-Zustimmenden zu schützen. Diese Gesetze regeln und überwachen die Halal-Industrie. Es ist strafbar, ein Lebensmittel fälschlicherweise als Halal zu kennzeichnen oder auf bestimmten Lebensmitteln ein Halal-Zeichen oder eine Halal-Kennzeichnung zu verwenden, die besagt, dass das Lebensmittel halal ist, obwohl dies in Wirklichkeit nicht der Fall ist. Besonderes Augenmerk muss auf die Umsetzung und Durchsetzung dieser Gesetze durch alle in der Branche beteiligten Parteien gelegt werden Halal. Um sicherzustellen, dass die Branche in allen Produktions- und Dienstleistungsphasen strenge Halal-Anforderungen erfüllt, muss qualifiziertes und engagiertes Anwendungspersonal zur Verfügung gestellt werden. Es müssen hohe Strafen verhängt werden, um diejenigen abzuschrecken, die diesen Taten nicht gehorchen.

Bereitstellung von Schulungen für Halal-Wissenschaftsmanager: Für die Ausbildung von Halal-

Wissenschaftspersonal sollten angemessene Vorkehrungen in Bezug auf Finanzierung und Einrichtungen zur Verfügung gestellt werden. Die Schulung muss nicht nur die theoretischen Aspekte des Konzepts, sondern auch die praktischen Aspekte von Halal umfassen. Sie müssen von Fachexperten und Schulungszentren angeleitet werden, die mit den neuesten Technologien ausgestattet sind. Durch den Einsatz dieser geschulten Agenten in den verschiedenen Sektoren, die an der Produktion, Herstellung, Verpackung und Lieferung von Halal-Lebensmitteln beteiligt sind, wird ein Halal-Sicherheitssystem entstehen.

Kurse zu Halal-Grundlagen: Bildungseinrichtungen sollten ermutigt werden, Kurse zu Halal-Wissenschaften in ihren Lehrplan zu integrieren, um eine Plattform für umfassendes und integriertes Wissen über das Halal-Konzept zu schaffen. Halal-Wissenschaften beziehen sich auf wissenschaftliches Wissen mit einem multidisziplinären Lehrplan, der auf dem Halal-Konzept oder dem Halal-Rahmenwerk basiert.

Die frühzeitige Auseinandersetzung mit dem Halal-Konzept auf der Grundlage moderner wissenschaftlicher

Erkenntnisse ist nicht nur für Studierende, sondern auch für die Branche von Vorteil. Das Bewusstsein für die Vorteile von Halal für das menschliche Wohlbefinden wird die Menschen dazu ermutigen, sich in allen Aspekten ihres Lebens an die Grundsätze von Halal zu halten. Das Verständnis dafür, dass Halal-Finanzprodukte viele Vorteile ohne Unterdrückung im Geschäftsleben bieten, fördert ehrliche Beziehungen bei Geschäftstransaktionen. Das Bewusstsein für die Halal-Sozialisation kann dazu beitragen, soziale Missstände zu vermeiden, uneheliche Geburten einzudämmen und so das Aussetzen von Babys zu reduzieren. Durch die Integration der Halal-Wissenschaft in den Lehrplan wird die Halal-Industrie besser in der Lage sein, ihr Halal-Geschäft mit kompetenten Arbeitskräften zu verwalten.

III. Halal-Segmente

Zunächst muss klargestellt werden, dass das islamische Ernährungs- und Konsumsystem im Vergleich zu anderen ethnischen Ernährungssystemen anders und einzigartig ist. Die Weltgemeinschaft hat inzwischen begonnen, die

Bedeutung der Anforderungen der Muslime an Lebensmittel und andere als Halal bezeichnete Konsumgüter zu verstehen. Der Markt für Halal-zertifizierte Lebensmittel und Produkte verzeichnet sowohl im Inland als auch international ein starkes Wachstum. Obwohl der Begriff „Halal" noch nie so viel Aufmerksamkeit erregt hat wie in jüngster Zeit, gibt es heute überall dort, wo es muslimische Verbraucher gibt, deren Geschmack und Vorlieben durch Halal-Regeln für Lebensmittelspezifikationen bestimmt werden, einen Markt für Halal-Lebensmittel. Jeder Muslim muss sicherstellen, dass das, was er isst, aus einer Halal-Quelle stammt. Dabei geht es nicht nur um die Prüfung der Inhaltsstoffe an sich, sondern auch darum, sicherzustellen, dass der gesamte Prozess den Prinzipien der Scharia entspricht .

1- Essen

Was Muslime essen und trinken dürfen, ist seit der Offenbarung des Heiligen Korans an den Propheten Muhammad (PBUH) ein Grundprinzip des Islam. In der modernen Welt ist der Konsum der Menschen aufgrund der Kommerzialisierung, der industriellen Landwirtschaft und schlechter Praktiken immer problematischer geworden. Lebensmittel, deren Ursprung vom Bauernhof bis zum Teller leicht zurückverfolgt werden kann , sind aufgrund der Herkunft der Zutaten aus der ganzen Welt selten geworden. Dies gibt Muslimen Anlass zur Sorge, die sicherstellen wollen, dass ihre Lebensmittel Halal (erlaubt), aber auch Tayyib (rein) sind. Die weltweite muslimische Bevölkerung gab im Jahr 2016 schätzungsweise 1,24 Billionen US-Dollar für Lebensmittel und Getränke (F&B) aus, ein Wachstum von 6,2 Prozent gegenüber dem Vorjahr, und wird bis 2022 voraussichtlich 1,93 Billionen US-Dollar erreichen, was einer jährlichen Wachstumsrate von 7,6 Prozent gegenüber 2016 entspricht. Mit 1,7 Milliarden Muslime auf der ganzen Welt und in großen und zunehmend wohlhabenden muslimischen Gemeinschaften in muslimischen Minderheitenländern haben Unternehmen auf die Nachfrage nach Halal-Lebensmitteln und -Getränken (F&B) reagiert. Gleichzeitig kam es zu einer Konvergenz der Nachfrage nach Qualitätslebensmitteln seitens nichtmuslimischer Verbraucher, die biologische und nachhaltig erzeugte Lebensmittel wünschen. Dies hat dazu geführt, dass Halal-Lebensmittel bei Nicht-Muslimen, beispielsweise in China und Europa, immer beliebter werden, da die Hersteller von Halal-Lebensmitteln auf den Trend zu religiös zugelassenen Lebensmitteln und Bio-Lebensmitteln reagieren. Dies war in vielen Märkten, insbesondere in den USA und Großbritannien, ein Erfolgsrezept. Neue Marktteilnehmer bringen weiterhin neue Produkte und Sortimente auf den Markt, während multinationale Unternehmen auch Halal-zertifizierte Zutaten und Produkte anbieten und so das gesamte Halal-Lebensmittel-Ökosystem weiter wachsen lassen. Auch multinationale Unternehmen haben große Investitionen in OIC-Märkte getätigt, beispielsweise investierte Unilever 33,3 Millionen US-Dollar in seine Halal-Betriebe in Südostasien. Auch Private-Equity-Investitionen und Staatsfonds waren bei der Finanzierung von Halal-Lebensmittelunternehmen besonders aktiv. Die Tatsache, dass sich das Produktangebot weit über Halal-Fleisch hinaus ausgeweitet hat und auch Halal-Süßigkeiten, Fertiggerichte, Snacks und Kindernahrung umfasst, ist ein

Zeichen für die Reife des Sektors. Halal-Lebensmittel sind mittlerweile überall auf der Welt in Supermarktregalen erhältlich und erfreuen sich dank Online-Händlern zunehmender Beliebtheit. Das Potenzial für Online-Verkäufe wird dadurch gesteigert, dass die E-Commerce-Website Aladdin Street eine fünfjährige Partnerschaft mit der Fußballmannschaft Manchester United unterzeichnet.

Trotz dieser positiven Entwicklungen hat das Fehlen eines universellen Halal-Standards die Expansion des Sektors behindert. Es gibt jedoch Bemühungen, die Halal-Akkreditierungspraktiken zu harmonisieren, beispielsweise das 2016 in den Vereinigten Arabischen Emiraten gegründete International Halal Accreditation Forum.

Da die Ausgaben der Muslime für Restaurants weltweit fast doppelt so stark steigen, bietet der Sektor erhebliche Chancen, da sich muslimische Verbraucher eine größere Vielfalt an Gerichten, Geschmacksrichtungen und Produktangeboten wünschen. Da die muslimischen Ausgaben für Lebensmittel und Getränke bis 2022 voraussichtlich 1,93 Milliarden US-Dollar erreichen werden und die muslimische Bevölkerung außergewöhnlich jung ist und wächst, werden Halal-Lebensmittel weiterhin ein wichtiger Wachstumsmotor der islamischen Wirtschaft sein.

Aufgrund der wachsenden Nachfrage gewinnt der Markt für Halal-Lebensmittel in der gesamten globalen Lebensmittelversorgungskette weiter an Dynamik. Der State of the Global Islamic Economy Report 2017/18 schätzt, dass die muslimische Bevölkerung auf der ganzen Welt im Jahr 2016 insgesamt 1,24 Billionen US-Dollar für Lebensmittel und Getränke (F&B) ausgegeben hat, was 17 % der Marktausgaben weltweit entspricht, also insgesamt 7,3 Billionen US-Dollar. Das ist ein Wachstum von 6,2 Prozent gegenüber dem Vorjahr und steht im Vergleich zum Weltmarktwachstum von 3,7 Prozent sehr gut da. Es wird erwartet, dass die muslimischen F&B-Ausgaben bis 2022 1,93 Billionen US-Dollar erreichen werden, was einem jährlichen Wachstum von 7,6 Prozent gegenüber 2016 entspricht. Der größte muslimische F&B-Markt ist China (871 Milliarden US-Dollar), vor den Vereinigten Staaten (785 Milliarden US-Dollar), Japan (389 Milliarden US-Dollar) und Japan (389 Milliarden US-Dollar). Indien (357 Milliarden US-Dollar). Die muslimischen Länder, die

2016 am meisten für die Gastronomie ausgegeben haben, waren Indonesien (170 Milliarden US-Dollar), die Türkei (121 Milliarden US-Dollar), Pakistan (112 Milliarden US-Dollar), Ägypten (81 Milliarden US-Dollar), Bangladesch (71 Milliarden US-Dollar), Iran (61 Milliarden US-Dollar) und Saudi-Arabien . (51 Milliarden US-Dollar). Im Vergleich dazu stellt dies einen Anstieg von 4,7 % gegenüber den muslimischen Lebensmittel- und Getränkeausgaben im Jahr 2013 dar, die 1,081 Milliarden US-Dollar betrugen (gemäß angepasster Prognosemethodik). Es wird erwartet, dass die muslimischen Lebensmittelausgaben bis 2020 1,585 Billionen US-Dollar erreichen und 16,9 % der weltweiten Ausgaben ausmachen. Dies entspricht einem CAGR-Wachstum von 5,8 % im Zeitraum 2014–2020.

Basierend auf dem gesamten Lebensmittelverbrauch sind Indonesien (158 Milliarden US-Dollar), die Türkei (110 Milliarden US-Dollar), Pakistan (100,5 Milliarden US-Dollar) und der Iran (59 Milliarden US-Dollar) die Länder, die muslimische Lebensmittel insgesamt am meisten konsumieren Der Lebensmittel- und Getränkemarkt ist größer als der Lebensmittel- und Getränkeverbrauch der wichtigsten geografischen Märkte im Jahr 2014, wie China

(797,8 Milliarden US-Dollar), den Vereinigten Staaten (741,2 Milliarden US-Dollar), Japan (367,3 Milliarden US-Dollar) und Indien (335,7 Milliarden US-Dollar). Geografisch gesehen finden 16 % des muslimischen Lebensmittelkonsums in Nicht-OIC-Ländern statt. Ein Beweis für die Stärke dieses Sektors ist, dass der Erfolg des Halal-Lebensmittelmarktes über verschiedene Kulturen und Kontinente hinweg gleichbleibend ist. In Malaysia sind Nestlé Malaysia und sein Halal Centre of Excellence zum weltweit größten Hersteller von Halal-Produkten geworden. In den Vereinigten Staaten von Amerika ist Saffron Road mit seinen Halal- und Bio-Produkten zu einem Erfolgsmodell für aufstrebende muslimische und nichtmuslimische Unternehmer geworden. Von Asien bis Amerika entwickelt sich der Halal-Lebensmittelsektor zu einer wichtigen Wachstumsquelle in der islamischen Wirtschaft und der gesamten Weltwirtschaft. Natürlich gibt es auch Herausforderungen. Es gibt einen anhaltenden Kampf um Halal-Lebensmittelstandards und -Akkreditierung, wobei in den OIC-Ländern mehr Aufklärung zu diesen Themen erforderlich ist. Das jüngste Verbot von Halal- und koscheren Schlachtungen in

Dänemark sowie Schreckensgeschichten über Halal-Lebensmittel in den Medien spiegeln eine aktuelle Haltung wider, die in Europa und zunehmend auch in den Vereinigten Staaten vorherrscht und muslimischen und islamischen Bräuchen und Ritualen im öffentlichen Raum misstrauisch gegenübersteht . Die Bewältigung dieser Herausforderungen wird für den zukünftigen Erfolg des Halal-Lebensmittelsektors von entscheidender Bedeutung sein.

Der Halal-Markt scheint heute einer der profitabelsten und einflussreichsten Märkte im globalen Lebensmittelsektor zu sein. Der Markt für Halal-Lebensmittel ist im letzten Jahrzehnt stark gewachsen und wird derzeit auf 667 Millionen US-Dollar geschätzt. Halal-Lebensmittel machen fast 20 % der gesamten globalen Lebensmittelindustrie aus. Angesichts des erwarteten Anstiegs der Bevölkerung und des Einkommens von Halal-Konsumenten und gepaart mit dem erwarteten Anstieg der Lebensmittelnachfrage um mehr als 70 % bis 2050 ist die zukünftige Nachfrage nach Halal-Lebensmitteln stark.

Viele Lebensmittelökonomen glauben, dass die Halal-Lebensmittelindustrie aufgrund von vier vorherrschenden

Trends in naher Zukunft zu einer wichtigen Kraft auf dem Markt werden wird. Erstens ist der Islam heute die am schnellsten wachsende Religion der Welt und treibt die weltweite Nachfrage nach Halal-Produkten an. Das jährliche Wachstum des Halal-Lebensmittelkonsums wird auf 16 % geschätzt. Zweitens der wachsende Trend zum Konsum von Halal-Lebensmitteln aus ethischen und Sicherheitsgründen durch nichtmuslimische Verbraucher. In Großbritannien beispielsweise gibt es mehr als 2 Millionen Muslime, aber 6 Millionen essen Halal-Fleisch. In den Niederlanden haben nicht-muslimische niederländische Verbraucher großes Interesse an Halal-Lebensmitteln gezeigt, deren Gesamtnachfrage auf rund 3 Milliarden US-Dollar pro Jahr geschätzt wird. Diese beiden Faktoren zusammen haben Halal-Produkte zu einem Mainstream-Verbraucherprodukt gemacht. Drittens die wachsende Macht des Halal-Konsumenten als Marktmacht, zusammen mit dem Wachstum der muslimischen Bevölkerung und dem Anstieg ihres verfügbaren Einkommens. Schließlich werden sich Muslime immer mehr der Notwendigkeit und Notwendigkeit bewusst, nur Halal-Lebensmittel zu konsumieren. Ein gutes Beispiel für ein solches wachsendes Verbraucherbewusstsein ist der rasche Anstieg des jährlichen Verkaufs von Halal-Lebensmitteln in ganz Russland und die wachsende Nachfrage nach Halal-Produkten um 30–40 % pro Jahr.

Bis vor zehn Jahren wurden Halal-Lebensmittel in traditionellen Convenience-Stores und Metzgereien in der Nachbarschaft angeboten. Auf dem Halal-Markt kam es zu einer allgemeinen Verschiebung der Nachfrage- und Lieferketten für Halal-Lebensmittelprodukte. Sie sind zunehmend in Lebensmittelgeschäften im westlichen Stil erhältlich, darunter Supermarkt- und Hypermarktketten. In vielen westlichen Ländern beginnen Supermärkte und Lebensmittelhersteller, muslimische Verbraucher zu bedienen, indem sie eine größere Auswahl an Halal-Lebensmitteln anbieten. Halal-Lebensmittel sind ein wachsender Teil der westlichen Ernährung und haben sich zu einer globalen Industrie mit mehreren Milliarden Dollar entwickelt, an der multinationale Konzerne wie Tesco, Unilever und Nestlé beteiligt sind, die ihre Halal-zertifizierten Produktlinien aggressiv erweitert haben. Bis heute ist Nestlé der größte Lebensmittelhersteller im Halal-Sektor mit einem Jahresumsatz von über 5 Milliarden

US-Dollar. Halal-Lebensmittel machen etwa 35 % des weltweiten Umsatzes von Nestlé aus.
Aus Marktsicht bleiben die traditionellen Hauptzielmärkte Asien und der Nahe Osten. Allerdings wird die Rolle der Halal-Märkte in Großbritannien, Europa und den USA bei der Entwicklung des Halal-Marktes deutlich zunehmen, da es sich hierbei um Märkte handelt, die in anderen Märkten weltweit eine entscheidende Rolle spielen. Dies wird Halal in den globalen Mainstream bringen. Während sich die Dynamik innerhalb der muslimischen Welt verändert und Globalisierungstrends weiterhin den Geschmack, die Gewohnheiten und das Ausgabeverhalten der Verbraucher auf der ganzen Welt prägen; Es ist sehr wahrscheinlich, dass sich entwickelnde Halal-Märkte eine immer einflussreichere Rolle in etablierten Märkten im Nahen Osten und in Asien spielen werden, einschließlich der Beeinflussung der Halal-Strategien globaler Unternehmen. Es überrascht nicht, dass die größten Hersteller und Exporteure von Halal-Lebensmitteln in nicht-muslimischen Ländern wie den Vereinigten Staaten, Brasilien, Argentinien, Australien und China ansässig sind. Aufgrund der traditionellen Natur des Marktes wird

geschätzt, dass multinationale Unternehmen aus diesen Ländern 90 % des globalen Halal-Marktes kontrollieren. In Malaysia beispielsweise geben muslimische Verbraucher durchschnittlich 14 % ihres Lebensmittelbudgets für Fleisch aus. 60 % des Halal-Fleisches werden aus Indien, Australien und Neuseeland importiert. Auch andere muslimische Länder, darunter Saudi-Arabien, Algerien und Ägypten, importieren Fleisch aus nicht-muslimischen Ländern, um ihren lokalen Konsumbedarf zu decken. Länder wie Brasilien, Argentinien, Neuseeland und Australien haben sich zu Marktführern beim Export von Halal-Fleisch und Geflügel entwickelt.

Halal-Lebensmittel beschränken sich nicht nur auf Fleisch und Geflügel, sondern umfassen auch andere Lebensmittel wie Süßwaren, Konserven und Tiefkühlkost, Milchprodukte, Backwaren, Bio-Lebensmittel, Getränke und Kräuterprodukte. Veränderte Lebensstile und die zunehmende Kaufkraft von Muslimen führen dazu, dass eine große Nachfrage nach Fertiggerichten und verpackten Lebensmitteln besteht, die den islamischen Ernährungsgesetzen entsprechen. Ein weiterer wachsender Lebensmittelsektor sind Ersatzprodukte für

Produkte, die traditionell nicht-halalische (haram) Zutaten wie Schweinegelatine oder Alkohol enthalten. Diese Produkte, darunter Joghurts, Kekse und Schokolade, werden derzeit so modifiziert, dass sie als Halal vermarktet werden können.

Globale Halal-Lebensmittel: Wichtigste Herausforderungen und Chancen

Herausforderungen

↘↘ Es herrscht weiterhin Verwirrung über Halal-Standards, hauptsächlich weil sie von vielen verschiedenen mit der Regierung verbundenen Organisationen entwickelt werden; private Organisationen und unabhängige Halal-Zertifizierungsstellen (HCBs); nationale Normungsgremien, regionale Gremien wie ASEAN, GSO und EU; und internationale Organisationen wie die SMIIC/OCI-Initiative. Die Herausforderung für Hersteller besteht darin, zu bestimmen, welcher Standard tatsächlich den Marktzugang ermöglicht, und in zu vielen Fällen sind für Exporteure mehrere Zertifikate erforderlich.

↘↘ Das Fehlen eines tragfähigen internationalen Systems zur Akkreditierung von Halal-Zertifizierungsstellen (HCBs) ist seit langem ein Problem für die Halal-Industrie. Die meisten Halal-Lebensmittel werden in mehrheitlich nicht-muslimischen Ländern hergestellt und von unabhängigen HCBs zertifiziert, die kaum einer behördlichen Aufsicht unterliegen. Aktuelle Akkreditierungsinitiativen, wie sie beispielsweise von SMIIC, GSO und ESMA entwickelt wurden, gehen alle in die richtige Richtung; Eine stärkere Koordinierung zwischen den Akkreditierungsstellen ist erforderlich, um unnötige Doppelarbeit oder Konkurrenz zu vermeiden.

↘↘ Schwierigkeiten bei der Beschaffung einer Scharia-konformen Finanzierung . Unternehmen, die ihre Lieferkette erweitern oder vertikal integrieren möchten, haben Schwierigkeiten, eine Scharia-konforme Finanzierung zu erhalten .

Gelegenheiten

↘ Führende Normungsgremien unternehmen Schritte zur Harmonisierung der Halal-Standards in ihrer Region. Standards Malaysia strebt eine Harmonisierung der Halal-

Standards innerhalb der ASEAN-Region an; Das OIC SMIIC versucht, innerhalb der OIC-Länder einen einheitlichen Halal-Standard zu schaffen; und das Europäische Komitee für Normung (CEN) versucht, eine einheitliche Norm für Europa zu schaffen. Sollten diese Maßnahmen in den nächsten Jahren zum Tragen kommen, wird es zwar keinen einheitlichen globalen Standard, aber zumindest eine begrenzte Anzahl regionaler Standards geben.

↘ Trotz der Unsicherheiten im regulatorischen Rahmen bleibt der Halal-Lebensmittelsektor dynamisch und entwickelt sich schnell zu einem Raum für Innovationen. Eine neue Generation von Unternehmern treibt Veränderungen in allen Bereichen voran, von der Produktentwicklung und Verpackung bis hin zum Marketing und der Nutzung sozialer Medien.

↘ Online-Technologien machen den globalen Marktzugang selbst für kleine Start-ups zur realen Realität, und eine neue Generation städtischer muslimischer Kunden auf der ganzen Welt sucht nach Produkten und Dienstleistungen, die ihren religiösen Vorlieben und ihrem digital vernetzten Leben entsprechen.

↘ OIC-Länder, die über Fachwissen in Halal-Lebensmittelprozessen verfügen, haben die Möglichkeit, Partnerschaften mit Nicht-OIC-Ländern aufzubauen, die an der Stärkung ihrer Halal-Fähigkeiten interessiert sind. Länder wie China, Südkorea und Südafrika arbeiten bereits mit Malaysia und den Vereinigten Arabischen Emiraten zusammen, um ihre Halal-Fähigkeiten auszubauen.

Tracking -Technologie zu entwickeln . Die Überprüfung der Integrität der Lieferkette ist eine große Herausforderung, die sich im Gespräch mit Experten auf diesem Gebiet stellt. Eine Möglichkeit, dieses Problem zu lösen, besteht darin, Technologien zu entwickeln, mit denen rohes Fleisch und Lebensmittelzutaten bis zu ihrem Ursprung zurückverfolgt werden können. Der brasilianische Verband der fleischexportierenden Industrien (ABIEC) hat ein Gerät namens elektronisches Siegel entwickelt, das Fleischlieferungen verfolgt, die ihre Häfen passieren.

↘↘ Erhöhte Nachfrage nach hormonfreiem Fleisch. Die Regulierungsbehörden sind unterschiedlicher Meinung darüber, ob hormonbehandeltes Fleisch erlaubt ist. Unter Experten gibt es Debatten über die Sicherheit dieses Fleisches für den menschlichen Verzehr, mit Bedenken hinsichtlich Krebs und anderen Nebenwirkungen. Aufgrund des Kundeninteresses an Hormonen ist die Supermarktkette Spinneys in den Vereinigten Arabischen Emiraten die erste, die hormonfreies Fleisch verkauft.

↘↘ Halal-Lebensmittel haben die Chance, zum weltweiten Standard für sichere, gesunde und tierversuchsfreie Lebensmittel zu werden, wenn sich die Hersteller wie in den Lehren des Islam vollständig an die Konzepte von Halal und Tayyib halten. Unter muslimischen Verbrauchern, insbesondere unter den jüngeren Millennials, zeichnet sich weltweit eine wachsende Nachfrage nach biologischen und natürlichen Lebensmitteln ab. Dies kann zwar mit höheren Kosten für die Produktion von biologisch gezüchtetem und gefüttertem Fleisch verbunden sein, verglichen mit den günstigeren Optionen, die viele Muslime suchen; Trotz dieser Herausforderungen ist dies ein langfristiges Ziel, das muslimische Produzenten anstreben sollten. Dazu gehört das Potenzial, innovative, hochwertige Halal-Marken für diese neue Generation muslimischer Verbraucher zu entwickeln . Genauso wie Bio vor 10 Jahren ein marginaler Markt war, heute aber in großen Supermärkten zu finden ist, und genauso wie „Made in Japan" in den 1950er Jahren ein Synonym für schlechte Qualität war, dies aber dank der gemeinsamen Anstrengungen des japanischen Herstellers, unterstützt durch inländische Unterstützung, der Fall ist jetzt ein Synonym für höchste Qualität.

↘↘ Entwicklung von Sortimenten hochwertiger Bio-Produkte. Weltweit besteht eine wachsende Nachfrage nach biologischen und natürlichen Lebensmitteln. Dieses gestiegene Interesse zeichnet sich auch bei muslimischen Verbrauchern ab, insbesondere bei den jüngeren Millennials.

↘↘ Starke Marken entwickeln. Es gibt noch viel zu tun, um das Markenimage selbst der beliebtesten Marken zu verbessern. Produktqualität, Marketingbotschaften, Verpackung und Gesamtkommunikation können deutlich verbessert werden. Dies bietet sowohl bestehenden Marken die Möglichkeit, sich weiterzuentwickeln, als auch neuen Akteuren die Möglichkeit, sich durch starkes Branding von anderen abzuheben.

↘↘ Investitionsmöglichkeiten bei der Integration der Halal-Lebensmittel-Wertschöpfungskette. Viele Unternehmen auf dem Halal-Lebensmittelmarkt sind klein und fragmentiert. Die Finanzierung der vertikalen Integration der Lieferkette, vom Schlachthof bis zum Händler, ist eine Investitionsmöglichkeit, von der erwartet wird, dass sie den Anlegern lukrative Renditen bringt und starke Unternehmen in diesem Bereich entwickelt.

↘↘ Chance für Fleischproduzenten, in den türkischen Markt einzusteigen, aufgrund der hohen Gewinnspannen in der Branche. Die Regierung hat in den letzten Jahren ihre Unterstützung für die Tierproduktion verstärkt. Allerdings rasante Urbanisierung und sich verändernde Esskultur; der Strom von 40 Millionen Touristen; und die Aufnahme von mehr als 2 Millionen syrischen Flüchtlingen hat zu einem Mangel an Fleischlieferungen geführt. Da die hohe Lebensmittelinflation den Fleischkonsum beeinträchtigt, wird erwartet, dass neue Fleischproduzenten in den Markt eintreten, um an den hohen Gewinnspannen der Branche teilzuhaben.

2- Arzneimittel und Gesundheitsprodukte

Der Islam blickt auf eine lange Geschichte medizinischer Innovationen und Behandlungen zurück, die im Einklang mit den Grundsätzen des Korans zur Förderung eines ganzheitlichen Lebensstils stehen. Moderne Medizin und pharmazeutische Praktiken haben den Beitrag des Islam zur Gesundheitsversorgung an den Rand gedrängt, doch heute erleben wir ein Wiederaufleben im medizinischen Bereich. Dies ist insbesondere im Bereich der Präventivmedizin bemerkenswert, da Nutraceuticals ein wachsendes Segment des Halal-Arzneimittelsektors darstellen.

Der Sektor wurde 2016 auf 83 Milliarden US-Dollar geschätzt, was einer Steigerung von 6 % gegenüber 2015 entspricht, und es wird erwartet, dass er jährlich um 8 % wächst und bis 2022 132 Milliarden US-Dollar erreicht.

Da sich Muslime immer mehr Gedanken darüber machen, was sie konsumieren, bieten zahlreiche Unternehmen, sowohl muslimische als auch nichtmuslimische, Nutraceutical-Produkte an, die Halal-zertifiziert sind, frei von tierischen Quellen sind und nur die besten Zutaten verwenden. Auch multinationale Unternehmen sind in das Segment eingestiegen, unabhängig davon, ob sie Halal-Zutaten oder Halal-zertifizierte Vitamine und Nahrungsergänzungsmittel anbieten.

Nutraceuticals gelten als das wichtigste Wachstumssegment innerhalb der Halal-Arzneimittel, doch immer mehr Pharmaprodukte sind Halal-zertifiziert, darunter auch verschreibungspflichtige Medikamente. Obwohl noch nicht alle pharmazeutischen Produkte Halal-zertifiziert werden können, bis bestimmte Forschungs- und Entwicklungsprobleme, insbesondere in Bezug auf bestimmte Inhaltsstoffe und Chemikalien, überwunden sind, kommt es im Bereich der Impfstoffe zu Innovationen. AJ Pharma steht an der Spitze dieser Innovation und entwickelt ein synthetisches Konjugationsverfahren, das die Kombination von Impfstoffen ohne tierische Quelle ermöglicht. Der in Saudi-Arabien ansässige Konzern, der über eine Fabrik in Malaysia verfügt, entwickelt außerdem Rinderheparin mit Halal-Ursprung für einen Impfstoff gegen Dengue-Fieber. Bis Ende 2017 soll ein Halal-Impfstoff gegen Polio auf den Markt kommen, 2018 ein Impfstoff gegen Meningokokken-Meningitis . Solche tierversuchsfreien Impfstoffe werden sowohl auf Märkten mit muslimischer Mehrheit als auch bei nichtmuslimischen Verbrauchern, die über die Gesundheitsrisiken von Impfungen besorgt sind, attraktiv sein. Die Entwicklung eines solchen Impfstoffs kommt der gesamten Menschheit zugute.

Pharmazeutik und Gesundheitswesen sind ebenfalls wichtige Wachstumsbereiche in der globalen Halal-Industrie.

Die Nachfrage nach Halal-Arzneimitteln, Generika, Wellness- und Gesundheitsprodukten wird in Ländern mit muslimischer Mehrheit auf rund 555 Milliarden US-Dollar geschätzt. Die größte Sorge der Muslime ist die Verwendung nicht konformer Substanzen wie tierischer Derivate und tierischer Gelatine in diesen Produkten. Das Wachstum des globalen Pharmamarktes stieg im Jahr 2009 um 4 % und erreichte einen Wert von über 820 Milliarden US-Dollar, was der Halal-Pharmaindustrie enorme Potenziale eröffnet, die es zu nutzen gilt. Steigende Gesundheitskosten sind auch ein wesentliches Unterscheidungsmerkmal für den Halal-Markt bei der Versorgung mit Generika.

Der State of the Global Islamic Economy Report 2017/18 schätzt, dass sich die weltweiten muslimischen Arzneimittelausgaben im Jahr 2016 auf 83 Milliarden US-Dollar beliefen, was 7 % der weltweiten Ausgaben von 1,22

Billionen US-Dollar entspricht. Es wird erwartet, dass die Arzneimittelausgaben der Muslime bis 2022 132 Milliarden US-Dollar erreichen werden (9,1 % der weltweiten Ausgaben), was einem jährlichen Wachstum von 8 % gegenüber 2016 entspricht.

Der muslimische Pharmamarkt liegt weltweit an vierter Stelle, hinter den Vereinigten Staaten (392 Milliarden US-Dollar), Japan (116 Milliarden US-Dollar) und China (117 Milliarden US-Dollar). Die zehn größten muslimischen Märkte, die für Arzneimittel ausgaben, waren die Türkei (9,7 Milliarden US-Dollar), Saudi-Arabien (7,1 Milliarden US-Dollar), die Vereinigten Staaten (6,7 Milliarden US-Dollar), Indonesien (5,7 Milliarden US-Dollar), Algerien (3,8 Milliarden US-Dollar) und Russland (2,9 Milliarden US-Dollar).

Inhaltsstoffe und Produktintegrität. Um die Integrität bei der Herstellung und dem Service von Arzneimitteln und Nahrungsergänzungsmitteln zu stärken, hat Malaysia einen neuen Standard für Halal-Pharmaprodukte eingeführt. Der „Malaysian Standard MS2424:2010(P): General Guidelines on Halal Pharmaceutical Products" deckt die gesamte Lieferkette der pharmazeutischen

Industrie ab, von der Verarbeitung bis hin zur Handhabung, Verpackung, Etikettierung, Verteilung, Lagerung und Präsentation von Arzneimitteln und Nahrungsergänzungsmitteln.

3- Schönheitsprodukte

So wie Muslimen die Nahrung, die sie zu sich nehmen, wichtig ist, wird ihnen zunehmend bewusst, dass die von ihnen verwendeten Kosmetikprodukte, die in den Körper aufgenommen werden, möglicherweise nicht halal oder erlaubt sind. Diese Bedenken haben zu Halal-Kosmetika geführt, die religiös erlaubte Inhaltsstoffe enthalten, die nicht aus Schweinefleisch oder Cochenille gewonnen werden. Dies hat zur Entwicklung von nicht aus Schweinen stammenden Lippenstiften sowie Cremes, Shampoos und Lotionen geführt, die frei von nicht Halal-geschlachteten Tieren sind. Der Sektor hatte im Jahr 2016 einen Wert von 57 Milliarden US-Dollar, was einer Steigerung von 2 % gegenüber 2015 entspricht, und es wird erwartet, dass er jährlich um 6 % wächst und bis 2022 82 Milliarden US-Dollar erreicht.

Besonders in Ländern mit muslimischer Minderheit wie den Vereinigten Staaten und dem Vereinigten Königreich verzeichnet der Sektor Wachstum und Akzeptanz, angetrieben von jungen und trendigen muslimischen Frauen, obwohl diese Halal-Kosmetikmarken auch Exportmärkte im Visier haben. Auch multinationale Unternehmen erkennen das Potenzial dieses Segments: Das britische Unternehmen Seven Scent , im Besitz von PZ Cussons , hat die Halal-Zertifizierung für den Exportmarkt erhalten, und andere Global Player haben die Halal-Zertifizierung für ihre regionalen Verkäufe, beispielsweise in Südostasien, erhalten. Aufgrund negativer islamischer Gefühle sind multinationale Unternehmen jedoch vorsichtig, wenn es darum geht, ihre Produkte als Halal zu kennzeichnen, und wählen Märkte aus, in denen sie Wert auf die Zertifizierung legen möchten. Umgekehrt kontaktierte die New Yorker Website Muslimgirl.com den amerikanischen Kosmetikriesen Orly, um an der Entwicklung eines durchlässigen Halal-Nagellacks mitzuarbeiten (die Durchlässigkeit ist wichtig für Wudhu – Waschungen – vor dem Gebet). Das Unternehmen nutzte die Gelegenheit und erlaubte Muslimgirl.com, pünktlich

zum Ramadan 2017 sechs Halal-Nagellacke zu kreieren und auf den Markt zu bringen.
Die Nagellacke nutzen die Gelegenheit, muslimische Namen zu fördern und negativen Einstellungen gegenüber dem Islam entgegenzuwirken, und tragen personalisierte Namen wie „Haram- Bae ", „ What the Fatima?" », „ Ig -Noor the Haters " und „The Perfect Amani-Cure" . . Eine solche Zusammenarbeit unterstreicht die Macht der sozialen Medien sowie den Wunsch von Kosmetikunternehmen, ihre Produktportfolios zu diversifizieren.
Doch obwohl Fortschritte erzielt werden, haben die Verwirrung der Verbraucher über die Halal-Zertifizierung und das mangelnde Bewusstsein für das Halal-Konzept das potenzielle Wachstum des Sektors blockiert, insbesondere im Hinblick auf den Export. Der Schritt hin zu einem universelleren Standard dürfte zur Stärkung dieses Segments beitragen, andernfalls könnte Halal-Kosmetik gegenüber der wachsenden weltweiten Nachfrage nach Bio-, Natur- und Ayurveda-Kosmetikprodukten den Kürzeren ziehen. Der Bericht „State of the Global Islamic Economy 2017-2018" schätzt, dass sich die weltweiten muslimischen Ausgaben für Kosmetika im Jahr 2016 auf

57,4 Milliarden US-Dollar belaufen, was 7 % der weltweiten Ausgaben von 784 Milliarden US-Dollar entspricht. Es wird erwartet, dass die muslimischen Ausgaben für Kosmetika bis 2022 82 Milliarden US-Dollar erreichen werden (8 % der weltweiten Ausgaben), was einem jährlichen Wachstum von 6 % gegenüber 2016 entspricht.

Der muslimische Kosmetikmarkt liegt weltweit an vierter Stelle, hinter den Vereinigten Staaten (86 Milliarden US-Dollar), Japan (85 Milliarden US-Dollar) und China (65 Milliarden US-Dollar). Die zehn muslimischen Märkte mit den höchsten Ausgaben für Kosmetika waren Indien (5,1 Milliarden US-Dollar), Indonesien (3,7 Milliarden US-Dollar), Russland (3,5 Milliarden US-Dollar), die Türkei (3,3 Milliarden US-Dollar), Malaysia (3 Milliarden US-Dollar) und Bangladesch (2,7 Milliarden US-Dollar).

Kosmetika Das Wachstum des Halal-Kosmetikmarktes spiegelt sich in einem zunehmenden Wissen der Verbraucher über die verwendeten Inhaltsstoffe und einem verbesserten Produktwissen wider, das durch soziale Medien gefördert wird. Die globale Halal-Kosmetikindustrie wird auf 13 Milliarden US-Dollar geschätzt, mit einer jährlichen Wachstumsrate von 12 %. Derzeit macht der Halal-Kosmetikmarkt 11 % der gesamten globalen Halal-Industrie aus. Der aufstrebende Markt für Halal-Kosmetik und Körperpflege wird von Analysten als nächster Wachstumsmarkt nach dem lukrativen Halal-Lebensmittelsektor angesehen. Der Hauptgrund für diese enorme Nachfrage nach Halal-Kosmetik und Schönheitsprodukten ist die Bevölkerungsstruktur einer jungen, religiös bewussten und dynamischen muslimischen Berufsbevölkerung. Im Zusammenhang mit Halal-Kosmetik umfasst das Konzept kritische Aspekte der Produktion wie Halal-Inhaltsstoffe und die Verwendung zugelassener Substanzen, die gemäß den Anforderungen der Scharia hergestellt, gelagert, verpackt und geliefert werden müssen . Interessanterweise hat Halal-Kosmetik auch bei modernen Verbrauchern an Bedeutung gewonnen, die umweltbewusst sind und bereit sind, mehr für organische, natürliche und erdige Kosmetikprodukte zu zahlen, die zu ihrem modernen Lebensstil passen.

Der Markt für Halal-Kosmetik boomt im Nahen Osten und in Asien. Im Nahen Osten verzeichnet Halal-Kosmetik ein jährliches Wachstum von 12 % und erreicht einen Gesamtumsatzwert von 12 Milliarden US-Dollar. Auf den Märkten in Asien, insbesondere in Malaysia und Indonesien, sowie in Europa ist das Interesse an Halal-Kosmetik erneut gestiegen. In Malaysia machen Halal-Kosmetika 10 bis 20 % des lokalen Kosmetikmarktes aus. Allerdings wird die weltweite Kosmetikindustrie von nicht-muslimischen Unternehmen dominiert und teilweise auch monopolisiert. Dies stellt die Frage der Halal-Inhaltsstoffe in von Unternehmen hergestellten Kosmetikprodukten vor große Herausforderungen.

Obwohl es Muslimen grundsätzlich erlaubt ist, in lebensbedrohlichen Situationen haram (verbotene) Produkte zu konsumieren, besteht eine wachsende Nachfrage nach pharmazeutischen Produkten, die den muslimischen Regeln entsprechen. Die wachsende weltweite Nachfrage nach Halal-Pharmaprodukten geht einher mit einem wachsenden Interesse und Bedenken unter Muslimen hinsichtlich des Halal-Status von Pharmaprodukten. Viele von ihnen stellen die Industrie in Frage, woher die Inhaltsstoffe dieser Produkte stammen und ob sie der islamischen Lebensweise entsprechen.

Halal-Arzneimittel müssen nicht nur frei von Haram-Bestandteilen sein, sondern auch Tayyib , die Bezeichnung für Waren und Produkte, die Qualitätsstandards erfüllen. Im Allgemeinen bezieht sich Tayyib auf Produkte, die sauber und rein sind und nach Standardprozessen und -verfahren hergestellt werden. Daher muss ein Arzneimittel nicht nur halal sein, sondern auch gemäß dem Scharia-Gesetz als sauber gelten . Allerdings leidet der Halal-Arzneimittelmarkt unter dem Mangel an globalen Halal-Standards. Viele Kosmetikprodukte enthalten Alkohol, der als haram gilt, und tierische Bestandteile, die im Islam als unrein gelten. Wachsende Bedenken hinsichtlich tierischer Inhaltsstoffe wie Gelatine und Kollagen in Kosmetikprodukten steigern die Nachfrage sowohl muslimischer als auch nichtmuslimischer Verbraucher. Das Halal-Label auf Kosmetik- und Schönheitsprodukten spricht Verbraucher an, die bei ihren Kosmetik- und Körperpflegeprodukten Integrität und Authentizität suchen. Obwohl das Konzept der Halal-Kosmetik in der muslimischen Welt sehr neu ist, gibt es eine wachsende Nachfrage, insbesondere von gewissenhaften Verbrauchern, die bei der Auswahl ihrer

Körperpflegeartikel wählerischer werden und sich bewusst dafür entscheiden, Geld für Kosmetika und Schönheitsprodukte auszugeben ihre Bedürfnisse erfüllen. mit ihren religiösen und kulturellen Anforderungen.

Halal-Kosmetik hat sich weit über eine Neuheit hinaus entwickelt. Eine Reihe von Kosmetikunternehmen nutzen den boomenden Markt für Halal-Kosmetik und beginnen, diesen Nischenmarkt zu erschließen, indem sie Halal-zertifizierte Produktlinien herstellen, die keine tierischen Inhaltsstoffe enthalten und nicht an Tieren getestet werden, um der wachsenden Nachfrage von Verbrauchern gerecht zu werden, die einfach mehr Sicherheit wünschen. dass die von ihnen verwendeten Kosmetikprodukte gesund sind und aus nachhaltigen Quellen stammen. Eine Herausforderung bei der Weiterentwicklung dieses Nischen-Halal-Sektors besteht darin, den besten Weg zu finden, Halal-Kosmetik in die globale Schönheitsindustrie zu integrieren. Eine aktive Zusammenarbeit mit wichtigen parallelen Interessengruppen wie Verfechtern von Bio-, Vegan-, Ethik- und Umweltrechten könnte von entscheidender Bedeutung sein, um den Wert von Halal-Kosmetikprodukten auf dem Weltmarkt weiter zu stärken.

Pharma- und Kosmetiksektor: größte Herausforderungen und Chancen

Herausforderungen

↘↘ Identifizieren Sie die Quelle von Medikamenten. Glücklicherweise sind die Zeiten vorbei, in denen Schweineplazenta in Anti-Aging-Kosmetika oder Stutenurin zur Herstellung der Antibabypille verwendet wurde, dank der wachsenden Nachfrage der Verbraucher nach tierversuchs- und tierversuchsfreien Produkten. Aufgrund des Bewusstseins der Verbraucher aufgrund der vegetarischen und veganen Lobbyarbeit wird mittlerweile die Verwendung nichttierischer Zutaten bevorzugt. Der „Rinderwahnsinn" und die Vogelgrippe-Epidemie haben sich auch auf die Verwendung tierischer Inhaltsstoffe ausgewirkt. Die meisten, wenn nicht alle, im Handel erhältlichen Antibiotika sind synthetisch, wodurch sie billiger und in großen Mengen verfügbar sind, um den weltweiten Bedarf zu decken. Das Hauptproblem liegt in der Formulierungsphase, wo diese Antibiotika und andere Medikamente in Inhaltsstoffen gemischt/verpackt/eingekapselt werden, die nicht Halal sind.

↘↘ Es gibt Bedenken hinsichtlich der rasanten Entwicklungen in der synthetischen Biologie in der Zukunft – das heißt, Mikroorganismen und Pflanzen der Zukunft, die bis zum Äußersten gentechnisch verändert wurden, um große Teile zu enthalten, und möglicherweise vollständig editiert/synthetisch (mit anderen Worten vom Menschen hergestellt) sind) Genome. Schöpfer von Mikroorganismen und Pflanzen). Dies wird sich nicht nur auf Antibiotika auswirken, sondern auch auf künftige Lebensmittel, die aus diesen „synthetischen" Organismen hergestellt werden. Obwohl dies eine Zukunftsfrage bleibt, prüfen die Behörden bereits Möglichkeiten, solche Entwicklungen zu regulieren.

↘↘ Viele muslimische Prüfer sind nicht in den Richtlinien der Guten Herstellungspraxis (GMP) geschult, die für die Aufrechterhaltung der Qualität wichtig sind. Die Verwendung von Good Manufacturing Practice (GMP)-Richtlinien, die der Gesetzgebung eines Landes für Kosmetika und Körperpflegeprodukte entsprechen, soll die Produktqualität und Rückverfolgbarkeit verbessern, um menschliches Leben zu schützen und sicherzustellen, dass die Produkte rein und gesund sind (tayyib). Dabei geht es nicht nur um die Erkennung von Haram-Inhaltsstoffen, sondern auch um unethische Masbooh-Inhaltsstoffe (die vermieden werden sollten), da sie über die Haut oder intern mit Medikamenten aufgenommen werden und schädliche Wirkungen haben. Viele muslimische Zuhörer sind möglicherweise nicht in den GMP-Richtlinien geschult und übersehen daher möglicherweise potenzielle Kontaminationspunkte. Die Sicherstellung, dass Halal-Auditoren und technische Experten über diese Ausbildung verfügen, ist für das Wachstum von Halal-zertifizierten Körperpflege- und Pharmaprodukten von entscheidender Bedeutung.

↘↘ Die Vorschriften der Guten Herstellungspraxis (GMP) für Pharmazeutika und Kosmetika verlangen von Unternehmen, die Züchtung zu Zwecken der Qualitätskontrolle zu standardisieren, was zu einer Verlagerung hin zu synthetischen Ersatzstoffen für natürliche Inhaltsstoffe geführt hat. Diese Vorschriften haben sich auf den Markt für homöopathische und natürliche Arzneimittel ausgewirkt, da für diese eine Lizenz erforderlich ist, die bis zu 5,00 Euro kosten kann 156.000 US-Dollar. Aus diesem Grund mussten viele kleine Arzneimittelmarken ihren Betrieb einstellen. Allerdings sind die Vorschriften bei der Körperpflege nicht so streng. Synthetische Ersatzstoffe werden bereits in der Körperpflege eingesetzt und ersetzen längst viele natürliche Inhaltsstoffe, die in der Vergangenheit möglicherweise bedenklich waren. Da natürliche Inhaltsstoffe teuer und schwer zu kontrollieren sind, werden natürliche ätherische Öle heute seltener verwendet und in synthetische Bestandteile zerlegt, um den neuen GMP-Vorschriften für Kosmetika zu entsprechen und die Reproduktion zur Qualitätskontrolle zu standardisieren.

↘↘ Alkohol, der in verschiedenen Formen sowohl bei der Maschinenwartung als auch in den Produkten selbst verwendet wird, ist ein Aspekt der Halal-Standardrichtlinien, der von Land zu Land unterschiedlich ist. Es bleibt abzuwarten, ob sich die Meinungen in diesem Punkt vereinheitlichen lassen.

↘↘ Die Verwendung von für den Menschen giftigen Inhaltsstoffen in Kosmetika kann bei der Halal-Zertifizierung als Haram betrachtet werden, da es sich nicht um Tayyib handelt . Beispielsweise fallen einige der in Hautaufhellungscremes verwendeten Inhaltsstoffe wie Hydrochinon und Quecksilber in diese Kategorie. Diese Inhaltsstoffe sind in vielen Ländern verboten, werden aber in einigen Ländern immer noch verwendet. Sie gelten im Körper als giftig und sind daher auch außerhalb des Körpers schädlich. Sie töten Melaninzellen ab, die unter anderem Krebs verursachen können.

↘↘ Herausforderung bei der Beschaffung von Fördermitteln für Forschung und Entwicklung. Horizont 2020 ist das bisher größte Forschungs- und Innovationsprogramm der EU und verfügt über Fördermittel in Höhe von fast 80 Milliarden Euro über einen Zeitraum von sieben Jahren (2014 bis 2020). Das Hauptproblem bei Horizon 2020 (und anderen staatlichen und europäischen Förderprogrammen) besteht nicht darin, dass sie sehr wettbewerbsfähig sind, sondern dass sie sehr thematisch sind – das heißt, die Themen der Ausschreibungen sind nicht „offen". Die Themen werden von den Behörden einige Jahre im Voraus festgelegt und priorisiert. Wenn die Themen der Ausschreibungen bekannt gegeben werden, ist die Art der Forschung, die wir im Halal-Bereich durchführen wollen, nicht notwendig und daher können wir unsere Halal-Ideen nicht direkt an ein Thema „auf dem Tisch“ anpassen. Wir müssen künftige Aufrufe beeinflussen, indem wir Wege aufzeigen, wie Themen angegangen werden können, die für Muslime und andere Religionsgemeinschaften wichtig sind.

Gelegenheiten

↘↘ Inhaltsstoffe tierischen Ursprungs in Arzneimitteln werden zunehmend durch synthetische Stoffe ersetzt. Dies ist vor allem auf die Verbrauchernachfrage und Tierrechtsaktivitäten im Westen zurückzuführen. Das Entfernen tierischer Inhaltsstoffe aus Produkten vereinfacht den Prozess der Halal-Zertifizierung von Produkten, da tierische Inhaltsstoffe aus der Gleichung entfernt wurden. In der pharmazeutischen Industrie bilden Qualitätssicherungs-/Qualitätskontrollanforderungen für Wirkstoffe (Arzneimittel) und Hilfsstoffe (Zutaten, die zur Bindung des Arzneimittels in Tabletten-/Kapsel- oder Sirupform verwendet werden) die Grundlage der heute geltenden GMP-Vorschriften. Anders als in der Kosmetikindustrie, wo „natürliche“ oder biologische Produkte zunehmend die Norm sind, werden pharmazeutische Inhaltsstoffe zur Kontrolle von Reinheit und präzisem „Wirkstoffgehalt“ in der Regel synthetisch/im Labor hergestellt, damit jede Charge in Aussehen, Qualität und Qualität gleichbleibend ist . 'Aktivität'. Dies könnte eine Chance für Hersteller sein, synthetische Moleküle mit einer ähnlichen Zusammensetzung und Wirksamkeit bereitzustellen wie diejenigen, die ursprünglich möglicherweise aus Schweinen stammen.

↘↘ Möglichkeit zur Herstellung von Halal-Impfstoffen.

Der Meningitis-Impfstoff ist besonders für Hadsch-Pilger notwendig, da er derzeit auf Schweinefleisch basiert. Malaysia plant, in Zusammenarbeit mit einem saudischen Unternehmen den weltweit ersten Halal-Impfstoff herzustellen.

↘↘ Es gibt viele Möglichkeiten, Verbraucher und Hersteller in muslimischen Ländern über die transdermale (durch die

Haut eindringende) Natur bestimmter Arten von Kosmetika aufzuklären. In westlichen Ländern gibt es Sicherheitsrichtlinien, die verlangen, dass jede neue Art von Inhaltsstoffen in Kosmetika, wie zum Beispiel Nanopartikel, vollständig getestet wird, um nachzuweisen, dass sie für den Menschen sicher sind. In muslimischen Ländern sind diese Sicherheitserwägungen gegenüber Halal-Erwägungen zweitrangig. Wir neigen dazu, Inhaltsstoffe aus Schweinequellen als Haram oder Najis (rituell unrein) zu betrachten, weil sie von der Haut abgewaschen werden können. Allerdings sollte in den Halal-Richtlinien für Kosmetika auch die Sicherheit für den Menschen berücksichtigt werden. Neue Technologien wie Nanopartikel in Cremes, Gesichtspudern usw. werden derzeit von der Europäischen Arzneimittelagentur (EMA) unter Sicherheitsgesichtspunkten diskutiert, aber in muslimischen Ländern sind wir weit hinter dem Westen zurück. Derzeit wird die Forschung zu neuen Technologien, Materialien und deren Sicherheit für den Menschen ausschließlich von nicht-muslimischen Ländern durchgeführt und von Nicht-Muslimen finanziert. Dies ist eine großartige Gelegenheit für muslimische

Wissenschaftler und Investoren, die Forschung in diesen Bereichen voranzutreiben und Fachwissen zu erwerben, um den Halal-Status dieser Technologien zu fördern und zu bestimmen.

↘↘ Möglichkeit der Vermarktung von Halal-Kosmetik an nicht-muslimische Verbraucher. Die meisten Halal-Kosmetika legen Wert auf natürliche Inhaltsstoffe, Umweltfreundlichkeit und fairen Handel. Einige sind auch vegan, sodass eine Vermarktung an Nicht-Muslime möglich ist. Das in Großbritannien ansässige Unternehmen PHB Ethical Beauty and Eco Trail, das indische Unternehmen hinter der Marke Iba , zielt mit Produkten, die nicht nur Halal-zertifiziert sind, sondern auch frei von Tierversuchen und aggressiven Chemikalien sind, auf eine breitere Verbraucherbasis ab. Im Fall von Iba sind beide Halal-zertifiziert. Bio und ohne tierische Produkte.

↘↘ Möglichkeit zur Lösung des Problems der Knappheit von Halal-Gelatine durch die Entwicklung einer praktischen Lösung zur Verwendung der relevanten Teile von Tieren, die während des Haddsch geopfert wurden. Halal-Optionen könnten auch mit pflanzlichen Ersatzstoffen verfügbar sein. Beispielsweise ist die

Pharmaindustrie besessen davon, Gelatine für die Kapselproduktion zu verwenden, weil sie kostengünstig und kostengünstig ist und seit vielen Jahren verwendet wird. Der Markt muss auf natürlichere Alternativen wie Alginate, Pektine usw. aufmerksam werden. die umformuliert werden können, um die gleichen physikalischen Eigenschaften zu bieten.

↘↘ Es besteht die Notwendigkeit, ein Halal-Arzneibuch und andere Referenzen für Branchenakteure zu entwickeln und zu veröffentlichen, um die Halal-Pharmastandards zu ergänzen.

↘↘ Die fünf Schlüssel, um ein erfolgreiches Pharmaunternehmen zu werden, sind: Die besten Beschaffungs- und Produktionskapazitäten zu haben; Die zweite besteht darin, das beste Regulierungsteam zu finden, das die Vorschriften versteht und sich darin zurechtfindet. das dritte ist tiefgehendes Kundenwissen; Die vierte besteht darin, dass Kundenerkenntnisse im Vordergrund der Kernproduktlinie stehen. und die fünfte besteht darin, konsequent in Forschung und Entwicklung (F&E) zu investieren, um neue und innovative Produkte zu schaffen.

↘↘ Beschleunigte Registrierung von Arzneimitteln zwischen interislamischen Ländern , um das Wachstum der Halal-Pharmaindustrie zum Nutzen der Ummah zu beschleunigen und anzuregen.

4- Tourismus und Reisen

Jedes Jahr reisen immer mehr Muslime zum Vergnügen. In diesem wachsenden Segment streben muslimische Touristen nach den gleichen Erlebnissen wie Nicht-Muslime, wünschen sich jedoch zunehmend Einrichtungen, die ihre Werte widerspiegeln, wie etwa Halal-Hotels und Halal-Essen.

Der Anstieg des muslimischen Tourismus spiegelt sich darin wider, dass der muslimische Reisemarkt seit 2014 um 10 Milliarden US-Dollar pro Jahr wuchs und 2016 169 Milliarden US-Dollar erreichte, mit einem Wachstum von 11,8 % im letzten Jahr, fast doppelt so viel wie der globale Reisemarkt. Es wird erwartet, dass die muslimischen Ausgaben für Auslandsreisen bis 2022 jährlich um 9 % auf 283 Milliarden US-Dollar steigen werden. Während die Top-Halal-Reiseziele in Ländern mit muslimischer

Mehrheit liegen, investieren die Vereinigten Arabischen Emirate, Malaysia und die Türkei, OIC-Länder und Länder mit muslimischer Minderheit in Halal reisen ., von Spanien bis Neuseeland.

Regionale Reisen, ein wichtiger Bereich des Tourismuswachstums, sind ebenfalls ein Treiber der Entwicklung: Indonesien hat eine globale Halal-Reiseallianz ins Leben gerufen, um den Tourismus, insbesondere in den ASEAN-Ländern, anzukurbeln.

Vor allem die Türkei hat sich zu einem wichtigen Reiseziel für Halal-Tourismus entwickelt und ist gegenüber der letztjährigen Indikatoren-Rangliste um vier Plätze aufgestiegen und auf den dritten Platz vor allen anderen muslimischen Touristenzielen im Land vorgerückt.

der Mittelmeerregion. Die Tatsache, dass während der Eid Al Fitr -Feiertage 2017 (am Ende des Ramadan), während der Eid Al Fitr- Feiertage 2017 (am Ende des Ramadan), konventionelle Hotels unterausgebucht waren, während Halal- freundliche Hotels , insbesondere Strandresorts, ausgebucht waren gebucht, was auf die Beliebtheit der Türkei schließen lässt. Angesichts der Verbrauchernachfrage in den 60 Halal-Hotels des Landes haben türkische Hoteliers begonnen, sich vom konventionellen Tourismus abzuwenden und sich auf dieses aufstrebende Segment zu konzentrieren.

Solche Entwicklungen sind ein Hinweis auf die wirtschaftliche Machbarkeit und zukünftige Attraktivität von Halal-Reisen, mit bedeutenden Überschneidungen mit anderen Bereichen der islamischen Wirtschaft wie Halal-Lebensmitteln, bescheidener Mode, Kultur und Gesundheitsfürsorge. Tatsächlich gibt es solche Überschneidungen bereits, wie etwa die Partnerschaft von HalalTrip mit Productive Muslim für Exerzitien zur persönlichen Entwicklung und Serendipity Maßgeschneidert in Zusammenarbeit mit Healthy Hijab, einem Fitness- und Gesundheitstrainer. Auch Scharia-konforme Reisefinanzierungs- und Versicherungsdienstleistungen sind zunehmend verfügbar, was die Entstehung eines umfassenderen Halal-Reiseökosystems ermöglicht. Wie in anderen Bereichen der islamischen Wirtschaft ermöglicht Crowdfunding Start-ups den Ausstieg aus dem Markt.

am Boden, wie das britische Unternehmen Firnas Airways und die Smartphone-Anwendung Halal Dining Club .

Da die Zahl der reisenden Muslime von Jahr zu Jahr zunimmt, ist Halal-Reisen ein zunehmend halaler Tourismus, der in letzter Zeit an Popularität gewonnen hat und sich schnell zu einem neuen Phänomen in der allgemeinen Tourismusbranche entwickelt. Es bezieht sich auf Tourismusprodukte, die Gastfreundschaftsdienstleistungen im Einklang mit islamischen Überzeugungen und Praktiken anbieten. Dazu gehört das Servieren von Halal-Speisen, getrennte Schwimmbäder, Spa- und Freizeitaktivitäten für Männer und Frauen, alkoholfreie Essbereiche, Gebetseinrichtungen und sogar Strandbereiche nur für Frauen mit islamischer Schwimmetikette. Traditionell wird Halal-Tourismus im Allgemeinen mit Hadsch- und Umrah-Wallfahrten in Verbindung gebracht. Immer wohlhabendere muslimische Verbraucher aus der Mittelschicht und die zunehmende Vernetzung , die das Reisen zu einem integralen Bestandteil des täglichen Lebens gemacht hat, verändern allmählich die Reisepräferenzen der Muslime von traditionellen Reisezielen wie Mekka hin zu erstklassigen Urlaubszielen und Resorts. Da die Ausgaben muslimischer Touristen bis

2020 voraussichtlich über 13 % der gesamten weltweiten Tourismusausgaben ausmachen werden, hat der Halal-Tourismus das Potenzial, sich weiter auszubreiten und als integraler Bestandteil des boomenden globalen Halal-Marktes zu wachsen.

Der State of the Global Islamic Economy Report 2017/18 schätzt, dass Muslime auf der ganzen Welt im Jahr 2016 insgesamt 169 Milliarden US-Dollar für Reisen ausgegeben haben (Hajj und Umrah ausgenommen), was 12 % der weltweiten Marktausgaben entspricht, die sich auf 1.400 Milliarden US-Dollar belaufen. Es ist ein Wachstum um 11,8 Prozent gegenüber dem Vorjahr, was über dem Anstieg des Weltmarktes von 6,6 Prozent liegt. Es wird erwartet, dass die Reiseausgaben der Muslime bis 2022 283 Milliarden US-Dollar erreichen werden, was einem jährlichen Wachstum von 9 % gegenüber 2016 entspricht.

Der muslimische Reisemarkt ist der zweitgrößte unter den wichtigsten Herkunftsländern für Reisen – direkt nach China (179 Milliarden US-Dollar) und vor den Vereinigten Staaten (169 Milliarden US-Dollar).

Die wichtigsten Herkunftsländer muslimischer Touristen, basierend auf den Ausgaben im Jahr 2016, waren: Saudi-

Arabien (20,4 Milliarden US-Dollar), Vereinigte Arabische Emirate (15,8 Milliarden US-Dollar), Katar (12,4 Milliarden US-Dollar), Kuwait (9,6 Milliarden US-Dollar), Indonesien (9,7 Milliarden US-Dollar).) und Iran (7,4 Milliarden US-Dollar).

Regional gesehen waren die Ausgaben für muslimischen Tourismus in den folgenden Ländern am höchsten: MENA-GCC (61 Milliarden US-Dollar), MENA-Andere (21,9 Milliarden US-Dollar, davon 7 Milliarden US-Dollar separat auf den Iran) und Ostasien (23 Milliarden US-Dollar), gefolgt von Westeuropa (17 US-Dollar). Milliarde) .) und Zentralasien (12 Milliarden US-Dollar, einschließlich der Türkei). Auf die MENA-GCC-Region entfallen 36 Prozent der gesamten muslimischen Reiseausgaben, obwohl sie nur 3 Prozent der weltweiten muslimischen Bevölkerung ausmacht.

Der Halal-Tourismusmarkt macht 12,3 % bzw. 126,1 Milliarden US-Dollar des gesamten globalen Outbound-Tourismusmarkts aus und wächst um 4,8 %, verglichen mit dem weltweiten Durchschnitt von 3,8 %. Allein im Jahr 2011 gaben muslimische Reisende schätzungsweise 126

Milliarden US-Dollar aus. Es wird erwartet, dass diese Zahl bis 2020 419 Milliarden US-Dollar erreichen wird. Die MENA-Märkte machen mit 60 % den größten Anteil der weltweiten Ausgaben muslimischer Touristen aus.

Der Halal-Tourismus hat in den letzten Jahren einen Aufschwung erlebt, um den Bedürfnissen muslimischer Reisender gerecht zu werden, die umfassende Urlaubsdienstleistungen genießen möchten, die gleichzeitig ihren religiösen Anforderungen sowie den islamischen Bräuchen und der islamischen Kultur entsprechen. Eine Reihe von Ländern hat ihr Tourismusangebot bereits dahingehend angepasst, dass Einrichtungen und Unterkünfte den religiösen Überzeugungen muslimischer Touristen entsprechen. Bevorzugte Reiseziele sind vor allem islamische Länder wie Malaysia, die Türkei und Ägypten. In den letzten Jahren haben nicht-muslimische Länder, darunter Australien, Singapur und Frankreich, großes Interesse am Halal-Tourismus gezeigt. Diese Reiseziele werden von muslimischen Reisenden bevorzugt, da sie über Halal-Zertifizierungsstellen verfügen, was es für Touristen einfacher macht, im Urlaub Halal-zertifizierte Lebensmittelgeschäfte zu finden. Malaysia zum Beispiel steht an der Spitze der Halal-Tourismusbranche und hat erfolgreich muslimische Touristen aus der ganzen Welt angezogen, insbesondere Reisende aus dem Nahen Osten. Kürzlich belegte Malaysia den ersten Platz unter den zehn besten Halal-Urlaubszielen der Welt. Die Rangliste basierte auf mehreren Faktoren, darunter der Verfügbarkeit von Halal-Speisen, Gebetseinrichtungen und Halal-Unterkünften.

Andererseits sind muslimische Reisende zu einem attraktiven Kundensegment geworden, auf das im Jahr 2014 etwa 11 % der weltweiten Ausgaben für Auslandsreisen und Tourismus entfielen, also insgesamt 142 Milliarden US-Dollar. Im Vergleich dazu stellt dies einen Anstieg von 6,3 % gegenüber den muslimischen Reiseausgaben von 134 Milliarden US-Dollar im Jahr 2013 dar (aktualisiert auf Grundlage der angepassten Methodik). Es wird erwartet, dass die Ausgaben für den muslimischen Auslandstourismus bis zum Jahr 2020 einen Markt von 233 Milliarden US-Dollar erreichen werden. Insgesamt stehen die Ausgaben für muslimische Reisen an dritter Stelle unter den wichtigsten Herkunftsländern für Reisen, direkt nach China (160 Milliarden US-Dollar) und den Vereinigten Staaten (143 Milliarden US-Dollar). Die Herkunftsländer muslimischer Touristen, basierend auf den Ausgaben von 2014, waren: Saudi-Arabien (17,8 Milliarden US-Dollar), Vereinigte Arabische Emirate (12,6 Milliarden US-Dollar), Kuwait (9,7 Milliarden US-Dollar), Katar (9,5 Milliarden US-Dollar), Indonesien (7,6 Milliarden US-Dollar). und Iran (7,5 Milliarden US-Dollar). Regional gesehen waren die Ausgaben für muslimischen Tourismus in den folgenden Regionen am höchsten: MENA-GCC (52 Milliarden US-Dollar), MENA-Andere (21 Milliarden US-Dollar) und Ostasien (19 Milliarden US-Dollar), gefolgt von Westeuropa (16 Milliarden US-Dollar) und Zentralasien (10 Milliarden US-Dollar). . . Auf die MENA-GCC-Region entfallen 37 % der gesamten muslimischen Reiseausgaben, obwohl dort nur 3 % der weltweiten muslimischen Bevölkerung leben.

Der weltweite Resort-Markt ist ein wachstumsstarker Markt, der im Jahr 2014 auf 250 Milliarden US-Dollar geschätzt wurde und 30 % des gesamten Hotel- und

Resort-Marktes ausmacht. Es wird erwartet, dass dieser Anteil in Zukunft noch wachsen wird:

Die Resortlandschaft hat sich von der primären Ausrichtung auf preisbewusste Reisende auf eine breite Palette von Kundengruppen ausgeweitet und bietet ein breites Spektrum an Preispunkten, von Budget bis Luxus.

Während muslimische Reisende im Jahr 2014 schätzungsweise 28 Milliarden US-Dollar in Resorts ausgaben und es erheblichen Raum für eine Spezialisierung in diesem Sektor gibt, richtet sich eine wachsende Zahl von Resorts in erster Linie an muslimische Reisende und geht vollständig auf die Bedürfnisse der muslimischen Lebensweise ein.

Der Salaam Gateway-Bericht identifizierte 32 muslimisch orientierte Resorts in OIC-Ländern, die den vielfältigen Lebensstilbedürfnissen muslimischer Reisender gerecht werden, sowie mehr als 30 muslimfreundliche Resorts:

Zusätzlich zu Halal-Essen, keinem Alkohol vor Ort und speziellen Gebetsräumen locken alle diese Resorts muslimische Familien an, indem sie separate Pools, Fitnesscenter und Strände für Frauen anbieten, und konkurrieren tendenziell um Preis, Lage und Servicequalität.

Die Türkei ist mit 28 Resorts für muslimische Reisende der etablierteste Markt und umfasst 3-, 4- und 5-Sterne-Resorts:

17 dieser Resorts haben in der Hauptsaison Preise für Familienzimmer unter 300 US-Dollar pro Nacht, die restlichen 11 haben Spitzenpreise zwischen 300 und 990 US-Dollar pro Nacht, wobei das 5-Sterne-Resort Angel's Marmaris am teuersten ist, gefolgt vom Piynar Villa Hotel . Weitere muslimisch orientierte Resorts befinden sich in Ägypten, Jordanien, Kuwait und den Vereinigten Arabischen Emiraten. In der Hochsaison liegen die Preise zwischen 264 und 1.348 US-Dollar pro Nacht. Außerdem wurden 32 muslimfreundliche Resorts identifiziert, darunter elf in Thailand und fünf auf den Malediven, die auf die Bedürfnisse von Muslimen eingehen und unter anderem Halal-Speisen, separate Freizeiteinrichtungen für Frauen und alkoholfreie Räumlichkeiten anbieten.

Tourismus und Reisen: größte Herausforderungen und Chancen

Herausforderungen

↘↘ Wir heißen sowohl Muslime als auch Nicht-Muslime am selben Ziel willkommen. Dies gilt insbesondere für Stranddestinationen, wo Muslime es vermeiden wollen, Westler in Bikinis anzusehen, während einige Nicht-Muslime es vorziehen, frei zu feiern, ohne von wachsamen Augen verfolgt zu werden. Ein Ansatz, dies zu vermeiden, besteht darin, getrennte Bereiche für Muslime und andere für Nicht-Muslime festzulegen. Genau das tut die indonesische Insel Lombok. Um nicht-muslimische Besucher auf Lombok nicht abzuschrecken und muslimische Touristen nicht durch die knappe Kleidung der Strandbesucher zu beleidigen, hat die lokale Regierung Bereiche identifiziert, die für muslimische Gäste geeignet sind, in denen westliche Touristen sich während der Partys verhüllen müssen. regionale Hotspots, wie die kleine Insel Gili Trawangan vor der Westküste Lomboks ist nicht betroffen.

↘↘ Marketing für muslimische Reisende, ohne Nicht-Muslime zu verprellen. Hotels und Reiseziele, die sich an muslimische Touristen richten, wollen sicherlich nicht das muslimische Reisesegment auf Kosten anderer Märkte anlocken, und daher besteht das Dilemma darin, wie ihre Marketingstrategie aussehen sollte. Ein Ansatz besteht darin, sich als Familienhotel/Destination zu präsentieren, ohne die Begriffe „Muslim" oder „Halal" zu verwenden. Genau das tut Al Jawhara , eine in Dubai ansässige Hotelgruppe. In seiner Werbung wirbt Jawhara für seine „einzigartige familiäre Gastfreundschaft", obwohl das Hotel eindeutig auf die Bedürfnisse von Muslimen ausgerichtet ist. Shaza Hotels ist eine weitere Hotelgruppe, die erfolgreich auf die Bedürfnisse von Muslimen eingeht und dabei inklusiv ist und sich nicht als Halal-Hotel präsentiert. Der Luxushotelbetreiber legt Wert auf authentische arabische Gastfreundschaft, ist dabei aber werteorientiert und spricht daher sowohl Muslime als auch Nicht-Muslime an.

Eine andere Möglichkeit, das Dilemma des Marketings an Muslime zu vermeiden, ohne andere zu entfremden, besteht darin, über gezielte Marketingkanäle wie muslimische Medien, lokale Publikationen in Ländern mit muslimischer Mehrheit sowie gezielte Werbekampagnen an muslimische Zielgruppen zu vermarkten.

↘↘ Finanzierung erhöhen. Einige Investoren zögern immer noch, in muslimfreundliche Hotels und Resorts zu investieren, weil sie Umsatzeinbußen im Lebensmittel- und Getränkesektor befürchten . Laurent Voivenel von Hospitality Management Holdings glaubt, dass ein trockenes Hotel die gleichen Gewinne einbringen kann wie ein Hotel, das Alkohol ausschenkt, wenn sich die Eigentümer auf Bankette konzentrieren.

Für nichtimmobilienbezogene Reiseprojekte ist es sogar noch schwieriger, eine Scharia-konforme Finanzierung zu erhalten , da Investoren vor solchen Projekten zurückschrecken. Der Gründer von Irhal , einer Website, die Reiseführer für muslimische Reisende anbietet, kämpft um die Finanzierung. Kürzlich lehnte er ein Angebot von Dubai Silicon Oasis in Höhe von 100.000 US-Dollar im Rahmen der Initiative der Regierung von Dubai zur Finanzierung von Unternehmen im Bereich der islamischen Wirtschaft ab, da der Betrag nicht ausreichte, um den nächsten Schritt zu erreichen. Sie streben eine US-Investition in Höhe von mindestens 1 Million US-Dollar an und nehmen zum Zeitpunkt des Verfassens dieses Artikels an der Mass Challenge 2015 teil, dem weltweit größten Startup-Accelerator mit Sitz in Boston, Massachusetts, USA, und der einzige, der in der arabischen Welt gestartet wurde. Welt zur Teilnahme ausgewählt.

↘↘ Ein erfolgreiches Beispiel ist Yam Safer , ein palästinensisches Hotelbuchungs-Startup, das 3,5 Millionen US-Dollar in der Serie B von Global Founders Capital eingesammelt hat, dem europäischen Investmentfonds, der 2013 von den Gründern von Rocket Internet, Oliver und Marc Samwer , gegründet wurde .

↘↘ Muslim/Halal zu sein bedeutet für jeden Menschen etwas anderes. Die Reisebranche ist sich über die Bedeutung der Begriffe „Halal-Urlaub“ oder „muslimfreundliches Resort“ nicht einig und jeder Interessenvertreter interpretiert diese Begriffe auf seine eigene Weise.

↘↘ Konvergenz mit anderen Reise-Teilsektoren oder anderen Sektoren der islamischen Wirtschaft. Ein Beispiel für die Umsetzung von Zielmarketing bei Fluggesellschaften ist der Tourismus Australien und Tourism Malaysia, die jeweils Marketingvereinbarungen mit Etihad Airways unterzeichnet haben. Ein weiteres

Beispiel ist MasterCard, ein globales Technologieunternehmen in der Zahlungsbranche, das seinen Scharia-konformen Karteninhabern in Südostasien reisebezogene Vorteile bietet und mit Crescent Rating zusammenarbeitet, um gemeinsam das „MasterCard-Crescent Rating Global Muslim“ zu entwickeln Reisen ." Hinweis.'

↘↘ Eine Gelegenheit, muslimische Badeorte zu entwickeln. Es besteht eine wachsende Nachfrage nach muslimfreundlichen Resorts. HalalBooking.com vermarktet seit 6 Jahren halal- freundliche Hotelkomplexe in der Türkei. Sie begannen 2014 damit, Buchungen in Millionenhöhe pro Resort zu verzeichnen und hoffen, bis Ende 2015 und 2016 für viele Hotels 10 Millionen pro Hotel zu erreichen. Die Beliebtheit dieser Halal-Resorts hat die Region Antalya an der Südküste angeführt. Die türkische Küste wird 2015 fünf neue Resorts hinzufügen, wodurch sich die Gesamtzahl der Halal- freundlichen Resorts auf fünfzehn erhöht . Laut HalalBooking.com sind die Margen in Halal- freundlichen All-Inclusive-Resorts deutlich höher als in ihren traditionellen Pendants, da der kostspielige Alkohol aus der Gleichung herausgerechnet wird, was zu einem Gewinn in Millionenhöhe führt. in einer Saison für ein All-Inclusive-Resort. Laut HalalBooking.com werden immer mehr Investoren auf das Konzept des Halal-Urlaubs aufmerksam und erwarten, dass in vielen weiteren Ländern neue Hotels, Resorts und Villenkomplexe entstehen . Eine Gelegenheit, die aufstrebende Mittelschicht anzusprechen, insbesondere in Südostasien. Viele Akteure der Branche zielen immer noch auf vermögende Reisende im Golf-Kooperationsrat ab. Obwohl es für Premiummarken sinnvoll ist. Die Entwicklung von Mid-Tier-Produkten für das mittlere Marktsegment bietet große Chancen. Herr Laurent Voivenel von Hospitality Management Holdings glaubt, dass die langfristige Nachhaltigkeit der Tourismusbranche von der Entwicklung des Budgetsektors abhängt, der die wachsende Mittelschicht bedient.

↘↘ Möglichkeit, sich auf Themen wie Voluntourismus, Ökotourismus, ethischen Tourismus und Erlebnisreisen zu konzentrieren. Reiseunternehmen, die den muslimischen Markt bedienen, können sich durch das Angebot thematischer Reisen abheben, die zum wachsenden globalen Trend zu ethischem Tourismus und Erlebnisreisen passen, der im Einklang mit den Lehren des Islam steht. Holiday Bosnia ist ein muslimisches Reiseunternehmen, das sich mit Voluntourismus und sozial verantwortlichem Reisen beschäftigt. Holiday Bosnia , ein in Dubai ansässiges Unternehmen, bietet wohltätige Reisen nach Bosnien an, bei denen Reisende mit der örtlichen Gemeinschaft interagieren, sich an Wohltätigkeitsarbeiten beteiligen und für Gemeinschaftsprojekte spenden können.

Letztendlich sollten islamische Tourismusunternehmen und -betreiber ihre Produkte und Dienstleistungen weiter verbessern und diversifizieren und attraktivere Pakete anbieten, die den Bedürfnissen von Muslimen auf der ganzen Welt gerecht werden, einschließlich Hadsch , Umrah , Kulturstädten , kommerziellen und kulturellen Ausstellungen und Freizeiteinrichtungen. Wie ein Rezensent feststellte, sollten islamische Tourismusagenturen ihre Produkte sowie lokale und internationale Werbeaktionen besser präsentieren. „Sie legen keine strengen Besuchszeiten fest, oder wenn doch, halten sie sich nicht daran." Darüber hinaus sollten

Regierungen und die breite Öffentlichkeit alles tun, um Gewalt und terroristische Aktivitäten zu bekämpfen, die das tägliche Leben lahmlegen und besonders der Tourismusbranche schaden. Den Regierungsbehörden wird inzwischen empfohlen, geeignete Strategien zu finden, um die Einführung unnötiger Reisebeschränkungen zu vermeiden, und den islamischen Tourismus als Vorbote einer größeren Verständigung zwischen den Nationen zu betrachten.

5- Bescheidener Modesektor

Bescheidene Mode ist aus den Randgebieten der Modebranche hervorgegangen und hat die Laufstege und Kaufhäuser erobert. Die Modemarken Dolce & Gabbana und H&M haben beide Hijabi- Designs verwendet und Modest-Fashion-Kollektionen kreiert, um muslimische Frauen anzusprechen.

Die muslimischen Ausgaben für Kleidung und Schuhe wurden im Jahr 2016 auf 254 Milliarden US-Dollar geschätzt, was einem Anstieg von 4 % gegenüber 2015 entspricht, und es wird erwartet, dass sie bis 2022 jährlich

um 7 % steigen und 373 Milliarden US-Dollar erreichen werden.
Muslimische Millennials, insbesondere Frauen, treiben diesen Markt voran, sowohl als Konsumenten als auch als Schöpfer. Tatsächlich erweist sich Modest Fashion als besonders innovativ und mischt lokale Stile aus so unterschiedlichen Kulturen wie Malaysia und dem Nahen Osten bis hin zu New York und London. Dies zeigt sich besonders deutlich im Hijab-Design: Es entstehen Geschäfte mit einer großen Auswahl an Stilen und große Sportbekleidungsunternehmen wie Nike und Hummel aus Dänemark entwickeln Sport-Hijab-Linien.
Dank neuer Einzelhändler wie Modist und etablierteren Anbietern wie Net-A-Porter, das seine Frühjahr/Sommer-Kampagne 2017 Frauen aus dem Nahen Osten widmet, gewinnt Modest Fashion online an Boden. Instagram erweist sich als wichtiger Einflussfaktor, da Marken muslimische Medien nutzen.
Blogger , die Kollektionen zu entwickeln und zu präsentieren. Das Internet wurde auch erfolgreich genutzt, um Startkapital zu beschaffen und Risikokapitalfirmen und Angel-Investoren anzulocken.

Da sich die muslimischen Ausgaben für Kleidung im Jahr 2016 auf 254 Milliarden US-Dollar beliefen und bis 2022 voraussichtlich 373 Milliarden US-Dollar erreichen werden, helfen die Regierungen und Gründerzentren der OIC kleinen Modemarken und -lieferanten dabei, ihr Produktangebot zu diversifizieren und sich an die Verbrauchernachfrage anzupassen.

Doch während die allgemeine Akzeptanz bescheidener Mode in der Modebranche zunimmt, behindern negative Einstellungen gegenüber dem Islam das Wachstum in einigen Märkten. Die Beschränkungen für bedeckte Kleidung in Europa nehmen zu und die chinesische Regierung hat das Tragen von Schleiern an öffentlichen Orten in der Provinz Xinjiang verboten.

Da die Modebranche jedoch bescheidenere Mode präsentiert als je zuvor und das Wachstum der Ausgaben für muslimische Kleidung das globale Wachstum widerspiegelt, wird dieses Segment in den kommenden Jahren erhebliche Investitionsmöglichkeiten bieten.

Der Bericht „State of the Global Islamic Economy 2017-2018" schätzt, dass die muslimische Bevölkerung auf der ganzen Welt im Jahr 2016 insgesamt 254 Milliarden US-

Dollar für Kleidung ausgegeben hat, was 11 % der weltweiten Marktausgaben entspricht, was 2,3 Billionen US-Dollar entspricht. Dies ist ein Wachstum von 4,2 Prozent gegenüber dem Vorjahr und vergleichbar mit dem Weltmarktwachstum von 4,3 Prozent. Es wird erwartet, dass die Bekleidungsausgaben von Muslimen bis 2022 373 Milliarden US-Dollar erreichen werden, was einem jährlichen Wachstum von 6,8 % gegenüber 2016 entspricht.

Der muslimische Bekleidungsmarkt liegt an dritter Stelle hinter den Vereinigten Staaten (412 Milliarden US-Dollar) und China (357 Milliarden US-Dollar) und vor dem Vereinigten Königreich (116 Milliarden US-Dollar) und Deutschland (103 Milliarden US-Dollar).

Die muslimischen Länder, die 2016 am meisten für muslimische Mode ausgegeben haben, waren die Türkei (27,4 Milliarden US-Dollar), die Vereinigten Arabischen Emirate (20,8 Milliarden US-Dollar), Nigeria (17,6 Milliarden US-Dollar), Saudi-Arabien (16,0 Milliarden US-Dollar) und Indonesien (13,5 Milliarden US-Dollar). Russland und Indien, Länder mit muslimischen

Minderheiten, gaben ebenfalls 11,9 bzw. 11,1 Milliarden US-Dollar aus.

Bescheidener Modesektor: Chancen und Herausforderungen

GELEGENHEITEN

1. Die Kanalerweiterung ist ein entscheidender operativer Schritt für das Wachstum

- Die Verlagerung der Einzelhandelsstrategie von Online auf Offline wird zu erheblichem Wachstum und Markenbekanntheit führen und kann zur Entstehung vollständig vertikal integrierter bescheidener Modeunternehmen mit Produktionskapazitäten sowie Online- und Offline-Vertriebskanälen führen.
- Der Übergang von der kostengünstigen Produktion zur Nachhaltigkeit ist eine echte Chance für bescheidene Mode, wertorientierte Verbraucher anzulocken und eine stärkere Bindung zwischen OIC-Ländern zu schaffen, die bescheidene Mode produzieren und vermarkten.

2. Eine begrenzte Marketingkompetenz kann jedoch das Wachstum begrenzen

- Globale Modest-Sportbekleidung bleibt ein spannendes Produktsegment und könnte zur Entstehung einer großen globalen Modest-Sportbekleidungsmarke führen, die regelmäßig große Sportveranstaltungen sponsert und eine Anlaufstelle für muslimische Frauen ist, die sich sportlich messen möchten.

3. Die Konvergenz mit Finanzen und Investitionen ist ein entscheidender Faktor für das Wachstum des Sektors, ohne den bescheidene Mode eine Nische bleiben wird

– Beschleuniger können eine Schlüsselrolle dabei spielen, vielversprechenden kleinen Modeunternehmen dabei zu helfen, ihre Größe zu vergrößern und den Weg zur Gründung von Multimilliarden-Dollar-Unternehmen mit globaler Präsenz einzuschlagen.

- Crowdbank verfügt über einen starken potenziellen Kundenstamm im Bereich Modest Fashion und kann die vielfältigen Bedürfnisse schnell wachsender Modest Fashion-Unternehmen aus dem Betriebskapital decken und Investitionen in den internationalen Handel.

4. KONVERGENZ UND SEKTORÜBERGREIFENDE MÖGLICHKEITEN SIND REIF FÜR DIE ERKUNDUNG, INSBESONDERE FÜR LIFESTYLE-PRODUKTKONGLOMERATE: Es gibt starke Co -Marketing-Möglichkeiten mit Akteuren im Reise- und Produktsektor,

bescheidene Mode ist ein potenzieller Motor des Tourismus und eine Säule, um Muslime anzulocken . Touristen in OIC-Ländern und leistungsstarke Einzelhandelsangebote, die Mode und Einzelhandelsprodukte kombinieren.

HERAUSFORDERUNGEN

1- Regierungsbehörden, die Vorschriften für religiöse Kleidung erlassen, können den Umfang der Branche in Nicht-OIC-Ländern einschränken, was zu einem fragmentierten Markt führt, da die Nachfrage tendenziell stärker auf bestimmte Regionen konzentriert ist als auf andere.

2- Mangelnde Marketingkompetenz kann die Reichweite der Branche einschränken, da Mainstream-Marken in die Branche eintreten und Marktanteile für äußerst lukrative Kategorien erobern und kleinere Modeunternehmen nicht in der Lage sind, effektiv mit der Qualität oder dem Preis der Produkte zu konkurrieren.

3- Fälschungen von Originalmarken sind ein häufiges Problem in der Branche und können kostspielig sein und zu einem Mangel an Produktinnovationen beitragen, da die Zunahme von „Me-too"-Produkten die Größe kleinerer Modeunternehmen einschränkt.

4- Ein anhaltender Finanzierungsmangel wird jedoch den Wachstumskurs der Modest-Fashion-Unternehmen einschränken. Dies hat zur Folge, dass Unternehmen, die expandieren wollen, eine hohe Misserfolgsquote und begrenzte globale Erfolgsgeschichten erleben werden, und es wird an den großen multinationalen Konzernen liegen, diese Chance zu nutzen.

6- Halal-Medien- und Unterhaltungssektor

Der Islam hat eine äußerst reiche und vielfältige Kultur, die von Afrika und dem Nahen Osten bis nach Indien, Zentralasien, Malaysia, Indonesien und den Philippinen reicht. Doch trotz dieser Vielfalt wurde das muslimische Narrativ in den letzten Jahrzehnten von anderen definiert. Heute erleben wir eine Wiederaneignung dieses Narrativs mit einem Wiederauftauchen der muslimischen Kultur auf Fernsehbildschirmen, in Büchern und im Internet.

Der Sektor wurde 2016 auf 198 Milliarden US-Dollar geschätzt, was einer Steigerung von 5 % gegenüber 2015

entspricht, und es wird erwartet, dass er jährlich um 6 % wächst und bis 2022 281 Milliarden US-Dollar erreicht.
Inspiriert durch das christlich geprägte Medienbuch werden neue Filme und Fernsehserien produziert, die Muslime auf der ganzen Welt ansprechen sollen. Auch die Mainstream-Medien nehmen islamische Inhalte auf, sei es Buzzfeed , der eine „Snapchat"-Sammlung herausbringt, die Erfahrungen aus dem muslimischen Leben zusammenfasst, oder Amazon-Kanäle, die über den Video-on-Demand-Dienst Alchemiya Filme und Dokumentationen über die muslimische Kultur anbieten . Die Attraktivität solcher Plattformen beschränkt sich nicht nur auf Muslime. Ungefähr 10 Prozent der Kunden von Alchemiya sind Nicht-Muslime, und diese Zahl wird aufgrund des Medienaustauschs und der stärkeren Präsenz in den Mainstream-Medien voraussichtlich auf 40 Prozent steigen.
Muslimische Mangas (Comics) spiegeln die Mainstream-Kultur wider, schaffen aber gleichzeitig ein positives Bild des Islam und sind ein wachsendes Genre, während Zeichentrickserien wie „Burka Avengers" sich auch außerhalb ihrer ursprünglichen Zielgruppe in Pakistan als

beliebt erwiesen haben und sich auf diese ausweiten den indonesischen und afghanischen Markt.

Während muslimische Superhelden im Jugendsegment beliebt sind, sprechen Veröffentlichungen mit muslimischem Thema alle Altersgruppen an, unterstützt von Mainstream-Verlagen wie Simon & Schuster und Bloomsbury, die eigene Zeilen mit islamischen Inhalten und in arabischer Sprache anbieten.

Es werden auch Bildungs-Apps eingeführt, da die islamische Punk-Bewegung im überwiegend muslimischen Indonesien Zuhörer gewinnt, die von weniger konventionellen Mitteln zur Förderung des Islam angezogen werden.

Doch trotz einer immer vielfältigeren Medienlandschaft sind Halal-Medien und -Unterhaltung, insbesondere das Fernsehen, nicht ausreichend diversifiziert. Im Fernsehsegment gab es eine Vielzahl neuer islamischer Fernsehkanäle, deren Inhalt sich jedoch mehr auf Predigten und Koranrezitationen konzentriert als auf die Bereitstellung von Inhalten, die eine breitere Anziehungskraft haben können. Doch da die muslimischen Ausgaben für Medien und Unterhaltung von Jahr zu Jahr steigen und 2016 198 Milliarden US-Dollar erreichten und bis 2022 voraussichtlich 281 Milliarden US-Dollar erreichen werden, werden Halal-Medien und Unterhaltung dank einer jungen und vielfältigen muslimischen Bevölkerung weiterhin Investitionen anziehen.

Der Bericht „State of the Global Islamic Economy 2017-2018“ schätzt, dass die muslimische Bevölkerung auf der ganzen Welt im Jahr 2016 insgesamt 198 Milliarden US-Dollar für Medien und Unterhaltung ausgegeben hat, was 5,2 % des globalen Marktes von 3.840 Milliarden US-Dollar entspricht. Dies ist ein Wachstum von 5 Prozent gegenüber dem Vorjahr und liegt über dem globalen Marktwachstum von 4,1 Prozent.

Es wird erwartet, dass die muslimischen Ausgaben für Medien und Unterhaltung bis 2022 281 Milliarden US-Dollar erreichen werden (5,7 % der weltweiten Ausgaben), was einem jährlichen Wachstum von 6 % gegenüber 2016 entspricht.

Der muslimische Medien- und Unterhaltungsmarkt liegt weltweit an sechster Stelle, hinter den Vereinigten Staaten (1,2 Billionen US-Dollar), Japan (278 Milliarden US-Dollar), China (268 Milliarden US-Dollar), dem Vereinigten

Königreich (251 Milliarden US-Dollar) und Deutschland (213 Milliarden US-Dollar).

Die zehn größten muslimischen Märkte in Bezug auf Medien- und Unterhaltungsausgaben verteilten sich zu gleichen Teilen auf Länder mit muslimischer Mehrheit und Länder mit muslimischer Minderheit. Die sechs Spitzenreiter waren die Türkei (26,0 Milliarden US-Dollar), die Vereinigten Staaten (20,5 Milliarden US-Dollar), Russland (11,8 Milliarden US-Dollar), Saudi-Arabien (10,3 Milliarden US-Dollar), das Vereinigte Königreich (9,7 Milliarden US-Dollar) und Indonesien (9,0 Milliarden US-Dollar).

Neben den Vereinigten Staaten, Russland und dem Vereinigten Königreich gehören zu den zehn Ländern mit den größten muslimischen Minderheiten auch Frankreich und Deutschland, die 8,6 bzw. 8,7 Milliarden US-Dollar ausgaben.

Halal-Medien- und Unterhaltungssektor: Chancen und Herausforderungen

GELEGENHEITEN

1. FINANZEN KÖNNEN BEI DER SEKTORENTWICKLUNG EINE WESENTLICHE ROLLE SPIELEN: Halal-Medien und -Unterhaltung sind ein vielversprechender Sektor für medienorientierte Investmentunternehmen, der das erhebliche Wachstum bestehender Unternehmen unterstützen und dazu beitragen kann, eine positive Darstellung des islamischen Erbes zu schaffen.

2- DIE SCHNITTSTELLE VON HALAL-MEDIEN, FREIZEIT UND ISLAMISCHER WIRTSCHAFT SCHAFFT EINE ERHEBLICHE CHANCE

- Halal-Medien und -Unterhaltung können als Werbekanal für die islamische Wirtschaft dienen, wobei große Halal-Medien- und Unterhaltungsplattformen, online und im Fernsehen, zu einem groß angelegten und praktikablen Mittel werden, um die muslimischen Verbraucher zu erreichen, was zu einem Umsatz von mehreren Milliarden Dollar führt . Werbebranche .
- Es bestehen auch große Chancen für eine Konvergenz mit der islamischen Bildung, wie die Kommentare in den sozialen Medien weiter oben im Bericht zeigen. Dadurch kann eine mehrere

Milliarden Dollar starke integrierte Marke entstehen, die Medien, Lebensstil und Bildung umfasst und den Inhalten und Lernbedürfnissen von Muslimen gerecht wird . .

3. INNOVATION UND DER WECHSEL ZU NEUEN GENRES SIND ENTSCHEIDEND FÜR DIE REIFE DES SEKTORS

- Genres, die sich an Kinder und Jugendliche richten, stellen sehr attraktive Chancen dar, die von neuen Playern wie Muslim Kids TV genutzt werden und erhebliche Entwicklungsmöglichkeiten bieten.
- Der Ramadan ist eine wichtige Gelegenheit, muslimische Verbraucher zu erreichen und wird weiterhin eine Welle engagierter, auf Muslime ausgerichteter Werbung erleben, die in Zukunft Einnahmen in Milliardenhöhe für Medien in Nicht-Ramadan-Ländern generieren könnte, unterstützt von erheblichen spezialisierte muslimische Werbung. Agenturen .
- Es gibt starke Co -Marketing-Möglichkeiten mit Akteuren im Reise- und Produktsektor, wobei Halal-Medien und Freizeit ein potenzieller Motor des

Tourismus und eine Säule für die Anziehung muslimischer Touristen in OIC-Länder sind und ein starkes Werbepotenzial für bescheidene Mode bieten.

HERAUSFORDERUNGEN

1- Die bestehende finanzielle Herausforderung bleibt jedoch bestehen, und Investoren werden Medien und Unterhaltung beschönigen und dadurch die Finanzierung einschränken, es sei denn, sympathische Investoren und unterstützende Gründerzentren, einschließlich staatlicher Stellen, werden einbezogen, um zur Entwicklung des Sektors beizutragen.
2- Schlechte Rechte an geistigem Eigentum schränken jedoch die Innovation ein und bergen die Gefahr, dass sich der Sektor auf religiöse Darbietungen beschränkt, die größtenteils durch Spenden und gemeinschaftliche Öffentlichkeitsarbeit finanziert werden.
3- Darüber hinaus könnte die negative Konnotation der Marke, die auf der hohen Anzahl negativer Interaktionen in sozialen Medien beruht, die

Fähigkeit von Halal-Medien und -Unterhaltung, einen sinnvollen Einfluss auf das Leben von Muslimen zu haben, einschränken.

4- Allerdings wirkt sich die mangelnde Tragfähigkeit des Geschäftsmodells negativ auf das Wachstum aus: Auch in Zukunft werden Spenden, wenn sie nicht angegangen werden, ein wesentlicher Bestandteil des Geschäftsmodells bleiben, was zu einer weitgehend fragmentierten Branche geführt hat, die sich auf bestimmte Länder oder Regionen konzentriert Mangel an modernen, groß angelegten Halal-Lösungen. Medien und Unterhaltung.

IV. Halal entwickeln Industrie

Es wäre nicht übertrieben zu sagen, dass Europa heute vor enormen Umbrüchen steht. In den Machtzentren Berlin, Paris und London vergeht kein Tag, ohne dass neue Sorgen um verschuldete Staaten auftauchen und ohne dringende Pläne für neue Rettungsaktionen. Auf dem Spiel steht die zukünftige Rolle der Nationalstaaten innerhalb der Europäischen Union und natürlich der Wohlstand eines ganzen Kontinents. Die größte Finanz- und Schuldenkrise der Menschheitsgeschichte hat die europäischen Gesellschaften ins Herz getroffen und sie in tiefe Unsicherheit gestürzt.

Nach einem Jahrzehnt des sogenannten Krieges gegen den Terror ist wieder einmal klar, dass wir in einer Zeit leben, die von wirtschaftlichen Fragen dominiert wird. Die wirtschaftliche Macht hat die Politik vom Sockel ihrer Vormachtstellung gestoßen und die Fähigkeit, große Kapitalmengen zu erwerben, dominiert die politische Landschaft. Es sind nicht die Extremisten, so bedauerlich ihre Existenz auch sein mag, die unsere Demokratien untergraben und gefährden, es sind die wirtschaftlichen Bedingungen.

Bei alledem gibt es zwei Bereiche, in denen die europäischen Eliten nach wie vor gefährlich falsch informiert sind. Viele Jahre lang haben sie den unerbittlichen Druck, den moderne Finanztechnologieinstrumente ausüben, und die Gefahren, die diese Instrumente mit sich bringen, nicht bemerkt. Bis vor Kurzem wussten nur wenige Spezialisten der europäischen Politik, was ein Derivat ist. Parlamentarier beklagen öffentlich, dass sie die Maßnahmen zur Euro-Rettung nicht grundsätzlich verstehen.

Zweitens ist der Islam in Europa, abgesehen von einigen Schlagworten, unbekannt. Die Debatte über Muslime in Europa konzentriert sich im Allgemeinen nur auf die verschiedenen Erscheinungsformen des politischen Islam. Das islamische Finanzrecht, das für ein tiefgreifendes Verständnis der islamischen Gesellschaft unerlässlich ist, ist nur wenigen Eingeweihten bekannt. Und nur langsam korrigieren Muslime selbst die vielen Missverständnisse, die über ihre Lebenspraxis bestehen.

Diese Krise in ganz Europa bietet den dort lebenden Muslimen eine historische Chance. Es wurden viele Berichte über die Position der Muslime zu Wirtschaftsfragen und die Aussagen der Scharia zu diesem Thema veröffentlicht, die großes Interesse geweckt haben. Erstmals konnte sich der Islam in diesem Bereich als Teil einer Lösung und nicht als Problem präsentieren. Bei näherer Betrachtung sind die grundlegenden Wirtschaftsprinzipien des Islam tatsächlich durchaus vernünftig.

Der Kapitalismuskult, der sich nach dem Fall des Kommunismus auf dem gesamten Kontinent verbreitete, weicht nun einer Atmosphäre ernsthaften Zweifels und der Suche nach Alternativen. Der Philosoph Walter Benjamin hat den quasi-religiösen Aspekt des Kapitalismus kritisiert und festgestellt, dass der Kapitalismus dazu dient, „die gleichen Ängste, Befürchtungen und Unruhen zu lindern, mit denen sich die sogenannten Religionen einst befassten". Mit anderen Worten: Die Aufklärung hatte endlich das westliche Wirtschaftsmodell erreicht.

Vielleicht war es die italienische Intellektuelle Loretta Napoléonic , die als erste die neue Situation erkannte und etwas Positives im Islam sah. In den 1990er Jahren, nach der Wiedervereinigung Deutschlands, schrieb sie ein Buch mit dem Titel „Rogue Economics “, in dem sie die verheerenden Auswirkungen des Kapitalismus darlegte, nachdem er alle seine Grenzen überschritten hatte. In diesem Buch erkennt der Journalist den Islam als eine inspirierende Form gemäßigter Wirtschaftstätigkeit.

Obwohl Napoleonic tatsächlich als Islamkritikerin bekannt war, erklärte sie einige Jahre später in der Zeitung „ Osservatore Romana“ respektvoll zum islamischen Wirtschaftsrecht: „Wir glauben, dass das islamische Finanzwesen dazu beitragen kann, neue Regeln für das westliche Finanzwesen zu etablieren ... Scharia-konform.“ Anlageformen verhindern die künstliche Geldgenerierung. » Das war ein wichtiger Punkt, den sie angesprochen hat.

Gelegenheiten

Die Anwesenheit von mehr als 54 Millionen Muslimen in Europa hat es natürlich vielen nichtmuslimischen Europäern ermöglicht, bestimmte Aspekte der islamischen Praxis kennenzulernen. Die meisten Europäer wissen, dass

Muslime kein Schweinefleisch essen und keinen Alkohol trinken, und betrachten dies als Teil einer göttlich verordneten Lebensweise. Man weiß auch, dass manche Dinge in einer Religion erlaubt und andere verboten sein können, aber dass diese Regeln eine entscheidende Rolle im täglichen Wirtschaftsverkehr spielen können, bleibt Menschen anderer Religionen oder solchen ohne Religion verborgen. Dies trotz der Tatsache, dass Christentum und Judentum für einen Großteil ihrer Geschichte ein verbotenes Interesse aneinander hatten, ebenso wie der Islam.

Der oberste Grundsatz, den wir Muslime nun vermitteln müssen, ist, dass die Scharia keineswegs eine Art irrationales Zwangssystem ist, sondern vor allem darauf abzielt, Schädliches zu verhindern und das zu fördern, was den Menschen nützt. Da der Schöpfer alles auf dieser Erde den Menschen zugänglich gemacht hat, ist eines der Grundprinzipien des Islam, dass alles erlaubt ist, sofern es nicht ausdrücklich durch die Scharia verboten ist. Das bedeutet, dass der Islam eine Lebenspraxis ist, die die Dinge einfacher macht und eher einen Mittelweg als Extreme etabliert. Aus diesem Grund warnt der Koran auch ausdrücklich davor, Dinge zu verbieten, die erlaubt sind. In diesem Zusammenhang vergessen wir oft, dass ein Lebensmittel nicht nur „halal", sondern auch „ tayyib ", was „gut" bedeutet, sein muss . Es geht also nicht nur darum, wie etwas geschlachtet wird, sondern auch darum, wie mit den Lebensmitteln – und natürlich mit den Tieren – richtig und umsichtig umgegangen wird. Darüber hinaus erwarten Muslime, dass ihr Essen erlaubt ist, aber sie wollen auch, dass es fair gehandelt und angemessen bezahlt wird. Die koranische Vorschrift, „im gegenseitigen Einvernehmen" zu handeln, lässt sich heute einfach mit „fairer Handel" übersetzen.

Weil wir davon überzeugt sind, dass die Regeln des Islam heute wie damals sinnvoll sind, müssen wir Muslime selbstbewusst an der öffentlichen Debatte über ein wirtschaftlich tragfähiges Versorgungssystem teilnehmen. Für Muslime in Europa bestehen hier große Chancen, sich vorteilhaft zu positionieren. Weltweit sind mehr als 2,1 Milliarden Muslime potenziell mit dem Halal-Markt verbunden und stellen eine enorme Kaufkraft und ein enormes Wirtschaftspotenzial dar.

Umfragen zufolge können muslimische Verbraucher weltweit nicht korrekt als liberal oder konservativ eingestuft werden. Stattdessen sind sie motiviert und ehrgeizig, denken global, gebildet und optimistisch und offen für technische Innovationen. Aber sie sind auch Verfechter von Familientraditionen, Pro-Community, Konservative ihrer Kultur – und vor allem lieben sie es, den Islam zu praktizieren. Dies gilt sowohl in Asien und Amerika als auch in Europa. Es kann sein, dass Muslime in Europa, die sich mit europäischer Philosophie und ihrer Technologiekritik befasst haben, weniger wahrscheinlich vollständig an diese Technologie glauben als diejenigen, die dies nicht getan haben.

Die wirtschaftliche Stellung des Islam und der wachsende Markt für Halal-Produkte und -Dienstleistungen sind in Europa erst seit relativ kurzer Zeit zu einem wirklich wichtigen Thema geworden. Dies ist etwas überraschend, wenn man bedenkt , dass die meisten großen juristischen Werke Hunderte von Seiten den Verträgen, Marktgesetzen und grundlegenden Wirtschaftsregeln widmen. Der Koran erwähnt nicht nur das Gebet, sondern auch die Erhebung von Zakat, einer obligatorischen, wenn auch moderaten

Vermögenssteuer. Es besteht kein Zweifel, dass dies einer der faszinierendsten Aspekte des Islam ist.

Das Thema „Islam und Wirtschaft“ verdient aus mehreren Gründen deutlich mehr Aufmerksamkeit. Die Millionen in Europa lebenden Muslime, also die Massen einheimischer und eingewanderter muslimischer Verbraucher, stellen eine wachsende Wirtschaftskraft dar. In der Europäischen Union leben 14 Millionen Muslime, davon 4,3 bzw. 5,4 Millionen in den wirtschaftlich stärksten Ländern Deutschland und Frankreich. Alle diese Menschen investieren, kaufen und sparen und – das ist der nächste Aspekt – sie tun dies innerhalb bestimmter wirtschaftlicher Regeln.

Das islamische Wirtschaftsrecht, von dem die Halal-Marktordnung nur einen Teil darstellt, stellt eine Reihe von Regeln, Normen und Verboten dar, die es in ihrer Gesamtheit verdienen, als alternative Wirtschaft anerkannt zu werden. Dabei geht es um weit mehr als nur Vorgaben zur Lebensmittelproduktion. Im Islam muss das Geschäftsleben auf einem freien Markt, fairem Handel und freien Handelswegen basieren; Ohne diesen Rahmen sind viele Regeln des Islam bedeutungslos.

Die Kombination aus wirtschaftlicher Macht und Wissen, über die Muslime verfügen, stellt daher ein enormes Potenzial dar, da sie mit einer gewissen Intelligenz neue Vorgehensweisen aufzeigen und wichtige Alternativen vorschlagen können, wodurch Muslime in Europa als Pioniere einer völlig alternativen Wirtschaft angesehen werden. Nur als Geschäftsleute und Produzenten, als faire Händler und ehrliche Lieferanten werden Muslime in Europa von nicht-muslimischen Mehrheitsgesellschaften positiv aufgenommen. Dies wird zu einem dringenden Wandel des muslimischen Bildes führen.

Die weltweite Nachfrage nach Halal-Lebensmitteln steigt, manche gehen davon aus, dass sie bis 2025 jedes Jahr um 20 % zunehmen wird. Auch die Bedeutung des europäischen Marktes nimmt stetig zu. Der europäische Markt für Halal-Lebensmittel hat derzeit einen Wert von rund 66 Milliarden US-Dollar, wobei der deutsche und der französische Markt besonders großes ungenutztes Potenzial aufweisen. Der Canadian Global Pathfinder - Bericht über Halal-Lebensmitteltrends berichtete in den Jahren 2009–2010 über mehr als 40 neu eingeführte Halal-Produkte allein in Deutschland und Frankreich.

Die Frage ist, wie diese ermutigenden Fakten in positive Ergebnisse für Muslime umgewandelt werden können und wer letztendlich wirklich vom wirtschaftlichen Potenzial dieses Marktes profitieren wird. Einige Probleme müssen anerkannt und offen diskutiert werden.

Probleme

Natürlich gibt es viele Schwierigkeiten im Zusammenhang mit dem an sich positiven Szenario der muslimischen Kaufkraft. Wenn es um den Halal-Handel geht, sind sich die Muslime alles andere als einig. Sie debattieren darüber, wie Gerichtsentscheidungen umgesetzt werden sollen, bleiben in nationale Lager gespalten und zwischen unterschiedlichen religiösen Interessen hin- und hergerissen. Dadurch verfügen muslimische Vertreter weder über eine gemeinsame Strategie noch über ein abgestimmtes Marketingkonzept.

Auch ist den Menschen wenig bewusst, dass der Halal-Markt neben Lebensmitteln auch viele andere Prinzipien und Tätigkeitsbereiche umfasst. Natürlich gibt es Bestrebungen, einen Markt für Finanz- und

Versicherungsprodukte zu öffnen, aber oft geht es darum, einfach andere Institutionen zu kopieren und ihnen einen religiösen Ton zu geben, indem man dem Produkt oder der Dienstleistung das Wort „islamisch“ voranstellt. Nur wenige haben wirklich darüber nachgedacht, einen echten islamischen Markt zu schaffen oder bestimmte Finanzinstrumente, die sich bewährt haben, wieder auf den Markt zu bringen. Es mangelt nicht nur an islamischer Infrastruktur, sondern es besteht auch Bedarf an einer aktuellen und überzeugenden Darstellung des gesamten Spektrums islamischer Wirtschaftskonzepte, angefangen bei der Art und Rolle der Währung, den Marktregulierungen und den Produkten, die es gibt werden verkauft. zum Kauf akzeptabel .

Es ist wichtig, dass Muslime nicht einfach scheinbar effektive Verkaufsstrategien anwenden, ohne die negativen Auswirkungen zu verstehen, die diese Mechanismen haben können. Ein gutes Beispiel sind Supermärkte. Man muss bedenken, dass der Prophet selbst in Medina eine Moschee und einen Markt errichtete, die beide öffentliche Einrichtungen waren und allen den gleichen Zugang ermöglichten. Viele Jahrhunderte lang war es undenkbar, dass nur wenige Anbieter einen Markt beherrschen. Der traditionelle islamische Markt stand Tausenden von Anbietern offen. In Deutschland wird der Lebensmittelmarkt von wenigen Discountern dominiert und die Idee des Freihandels ist längst in Vergessenheit geraten. Der Inhaber von Deutschlands größter Lebensmittelkette führt regelmäßig die Liste der reichsten Menschen des Landes an. Es kann durchaus sein, dass auch diese Discounter eines Tages „Halal-Bereiche" einführen werden, aber würde das wirklich den Grundsätzen des fairen Handels im Islam genügen?

Es ist sicherlich wichtig, dass sich die Menschen der Vielfalt und Komplexität islamischer Geschäftsaktivitäten bewusster werden. Zu diesem Bewusstsein tragen nicht nur islamische Medien, sondern auch Großausstellungen wie der Euro Halal Market in Brüssel und die Paris Halal Expo in Paris bei. Diese Ereignisse zeigen schnell, dass Muslime nicht nur vor Ort, sondern auch in einem größeren Kontext aktiv sind. Sie zeigen, dass Muslime international vernetzt sind und bieten auch ein Tor für europäische Hersteller, die den globalen muslimischen

Markt beliefern wollen. Nur wenn die Bedeutung von Halal-Vorschriften in einer globalen Wirtschaft klar hervorgehoben wird, kann der Eindruck vermieden werden, dass Muslime nur über begrenzte Fachkenntnisse in Lebensmittelfragen verfügen.

Der Halal-Markt in Europa trägt immer noch das Stigma von für manche Europäer exotischen Schlachtpraktiken. Auch zwischen Tierschützern und Muslimen ist ein heftiger Glaubenskonflikt entbrannt.

und die Juden auf der anderen Seite. Konservative Gruppen in Europa, von denen einige islamfeindlich sind, haben versucht, den Islam und das Judentum als rückständig im Tierschutz zu verunglimpfen, und die Liebe zu Tieren ist oft nur ein Vorwand zum Kämpfen. Dabei handelt es sich um Gruppen, die die wachsende Angst der Europäer vor dem Islam geschickt für ihre Zwecke genutzt haben. Eine der Herausforderungen, denen sich Muslime heute gegenübersehen, besteht darin, einen intelligenten Dialog zu führen, der die Beziehung zwischen Islam und Tierschutz klarstellt und die Bedenken vieler Muslime in Bezug auf Tierhaltung und Tierschutz deutlich zum Ausdruck bringt.

Gleichzeitig müssen Muslime in der allgemeinen Debatte über die industrielle Lebensmittelproduktion Stellung beziehen. Die auftretenden Probleme sind allen sehr klar. Ist beispielsweise die Massenzucht von Tieren wirklich mit der göttlichen Gesetzgebung vereinbar?

Ein weiteres großes Problem des jungen Halal-Marktes ist der erbitterte Machtkampf rund um die Zertifizierung. Wie in anderen Regionen ist auch in Europa ein Anstieg der Fälle zu verzeichnen, in denen zertifiziertes Fleisch tatsächlich nicht ordnungsgemäß geschlachtet wurde. Fälle von Zertifizierungsmissbrauch können vereinzelt auftreten, sollten aber dennoch ernst genommen werden. Und viele „islamische" Zertifizierungsstellen, von denen viele nur im Internet aktiv sind, sind von zweifelhafter Legitimität. Hierbei handelt es sich um Fälle, in denen Einzelhändler für den Verkauf von Fleisch ein erfundenes Halal-Logo verwendeten, das nicht von einer maßgeblichen Halal-Organisation genehmigt wurde, weil es in einigen Ländern einfacher zu vertreiben war.

In einigen muslimischen Ländern wird die Legitimation von Zertifizierern durch die Regierung auf nationaler Ebene geregelt, wohingegen in Europa die Zertifizierung tendenziell in den Händen einer verwirrenden Anzahl privater Einrichtungen liegt. Deshalb fragen sich auch Muslime in Europa, ob eine zentrale Zertifizierung die Situation verbessern könnte. Es gibt jedoch gute Gründe zur Skepsis, da die Zentralisierung aus vielen Gründen Gefahr läuft, eine Utopie zu bleiben. Die komplexe Spaltung und Unterteilung der Muslime in Europa nach ethischen und religiösen Gesichtspunkten macht die Entstehung einer solchen Autorität in naher Zukunft unwahrscheinlich. Seriöse Zertifizierer mögen viele Gemeinsamkeiten haben, aber es gibt natürlich Unterschiede zwischen den juristischen Fakultäten, wie die anhaltende Debatte über Anästhesie zeigt. Auch die Kontaktaufnahme mit muslimischen Ländern zur Zertifizierung bringt Schwierigkeiten mit sich: Warum sollten sich europäische Verbraucher auf ausländische Behörden verlassen?

Es gibt noch ein weiteres gravierendes Problem mit der Flut an Zertifizierungen, auf das wir nur kurz eingehen. Es wird oft darauf hingewiesen, dass eine zentralisierte Zertifizierung nur große multinationale Unternehmen stärkt und kleine Lieferanten schwächt, selbst wenn diese ordnungsgemäß als Muslime agieren, da sie eine übermäßige und kostspielige Regulierung fördert und das Misstrauen gegenüber nicht zertifizierten Produkten fördert. Es ist schwierig, dieses Argument vollständig zurückzuweisen. Und heute sind es tatsächlich westliche Lebensmittelmultis, die den globalen Lebensmittelmarkt dominieren. Ein gutes Beispiel ist das Unternehmen Nestlé. Das Schweizer Unternehmen bietet seit 1980 Halal-Produkte an. Von den 443 Fabriken der Gruppe sind nicht weniger als 85 Halal-zertifiziert. Die Strategen der Gruppe betreuen den internationalen Markt von Büros in Malaysia aus. Ihre Produkte für die islamische Welt haben einen Wert von über 5 Milliarden Schweizer Franken und machen 5 % des Jahresumsatzes aus. Experten wie Dr. Paul Temporal beklagen zwar die mangelnde Kenntnis westlicher Unternehmen über den Halal-Markt, doch diese Schweizer Betreiber sind damit sicher nicht gemeint. All dies impliziert natürlich einen wachsenden Einfluss einer kleinen Anzahl großer Akteure auf Zertifizierungsinstitutionen. Auf lange Sicht kann es nicht im Interesse der Muslime sein, dass nur wenige Monopole den Lebensmittelmarkt dominieren.

Herausforderungen

Eines der Dinge, die Muslime in Europa bisher versäumt haben, ist, ihr eigenes Potenzial voll auszuschöpfen. Bisher gibt es keine zentrale Stelle, die verlässliche Informationen über die Wirtschaftskraft der Muslime liefern kann. Es ist nahezu unmöglich, genaue Zahlen, Statistiken und Marktanalysen zu erhalten. Auch die Chancen, die das Internet für den europäischen Halal-Markt bietet, sind bei weitem nicht ausgeschöpft. Es gibt jedoch Anzeichen für Veränderungen. Die globale Salam-Initiative hofft, ein soziales Netzwerk ähnlich wie Facebook aufzubauen. Wenn das Projekt erfolgreich ist, wird es angesichts der erwarteten 50 Millionen Nutzer positive Auswirkungen auf den Halal-Markt haben. Es ist an der Zeit, dass es einen virtuellen Markt im Internet gibt und Modelle islamischer Verträge angeboten werden, sogar ein alternatives Zahlungssystem. Aber das Internet wird eine ausschließlich europäische Strategie nahezu unmöglich machen. Angesichts des unaufhaltsamen Fortschritts der Globalisierung ist es natürlich wichtig, dass Muslime ihre rechtlichen Überzeugungen angesichts der immer mächtigeren Marktkräfte stärken. Bisher sind Muslime im Vergleich zu anderen europäischen Bürgern relativ unkritisch gegenüber Lebensmittelunternehmen, Supermärkten und Banken. Die islamische Welt hat über die Konfiguration von Geld, Monopolen und Banken seltsamerweise geschwiegen. Diese Zusammenhänge werden in der europäischen Gesellschaft seit langem offen diskutiert. Da wir nun das 21. Jahrhundert erreicht haben, ist eine kritische Überprüfung längst überfällig, insbesondere eine Überprüfung dessen, was die Leute islamische Finanzinstrumente nennen.

Es ist bekannt, dass in der zweiten Sure des Korans der Handel erlaubt und Riba verboten ist, was aus muslimischer Sicht bedeutet, dass der monopolistische Vertrieb durch eine kleine Anzahl großer Ketten ebenso inakzeptabel ist wie die Umgehung eines Interesses Verbot durch clevere Banken. Versuche, das Recht zu verfälschen, kommen insbesondere in der Finanzwelt häufig vor. Große islamische Banken und Versicherungen betrachten Europa natürlich als großen Markt. Die Islamic Bank of Great Britain hatte im Jahr 2007 bereits 8 Filialen und 42.000 Kunden und hielt Investitionen im Wert von mehr als 135 Millionen Pfund. Die erste rein islamische Bank der Türkei will 2013 in Deutschland eröffnen. Schätzungen zufolge verfügen Muslime allein in Deutschland über ein Vermögen von mehr als 25 Milliarden Euro, doch dieses Geld ist durch den Anstieg der Inflationsrate gefährdet. Nur weil sich eine Bank „ islamisch“ nennt, heißt das nicht, dass sie im Einklang mit den islamischen Finanzgesetzen arbeitet.

In Deutschland versuchen islamische Banken, auf dem Immobilienmarkt durch Verträge zu agieren, die das Zinsverbot umgehen, indem sie zwei aufeinanderfolgende Kaufverträge zu einem zusammenfassen, doch ironischerweise verstößt diese Regelung gegen das deutsche Steuerrecht. Unter anderem Imam Malik hat diese Art offensichtlich doppelter Transaktionen ausdrücklich verboten.

Die deutsche Bankenaufsicht BaFin hat islamische Banken dafür gelobt, dass sie relativ unbeschadet aus der Finanzkrise hervorgegangen sind und sich von riskanten Geschäften mehr oder weniger ferngehalten haben. Dennoch bleiben sie grundsätzlich normale Banken wie alle anderen auch. Durch Spekulationen und komplexe Geschäftsbeziehungen sind sie seit langem mit dem nicht-islamischen Bankensystem verbunden. In Deutschland hat der Muslimische Zentralrat ein seiner Ansicht nach Halal-

Produkt der WestLB zertifiziert , einer Bank, die kürzlich mit Steuergeldern in Millionenhöhe vor der Insolvenz gerettet werden musste. Muslimische Juristen werden sich den Lehren aus der Bankenkrise und den wachsenden Zweifeln, die wir an der Beziehung zwischen Banken und der Geldschöpfung haben, nicht entziehen können. Derzeit gibt es in Europa eine große und grundlegende Debatte zwischen Muslimen, Christen und Juden: „Ist es legitim, dass Banken praktisch aus dem Nichts Geld erschaffen?"
Eine wachsende Zahl von Europäern zweifelt unabhängig von ihrem Glauben an dieser Legitimität, und selbst Bundestagsabgeordnete wie der FDP-Politiker Franz Schäffler fordern die Legalisierung privater Währungen. „Nur unter dieser Voraussetzung", so der Politiker, „wird verhindert, dass Nationalstaaten immer mehr Falschgeld drucken." »
Muslime sind gut aufgestellt, um über rechtliche Möglichkeiten nachzudenken, ihre Währung, d. h. Dinar und Dirham, wieder in Umlauf zu bringen, die zu 100 % durch Gold und Silber gedeckt sind und seit Jahrhunderten Teil der islamischen Wirtschaft sind. Angesichts der Krise der europäischen Versicherer wären Goldsparkonten –

bekannt als Wadiya – eine sichere Option für Muslime und Nicht-Muslime gleichermaßen. Doch Muslime haben diese Chancen auf dem Finanzmarkt noch nicht vollständig genutzt. Die vielleicht größte Herausforderung für den zukünftigen Halal-Markt wird darin bestehen, Lehren aus der aktuellen Krise zu ziehen und das Vertrauen in die Solidität unserer eigenen Finanzinstrumente wiederherzustellen . Nach den Erfahrungen des Kommunismus und des Finanzkapitalismus geht es darum, einen dritten Weg zu finden, nämlich den Mittelweg. Der Besitz von Eigentum und die Absicht, Gewinn zu erzielen, sind im Islam beides ehrenhafte Absichten, doch das Gesetz muss Monopole verhindern und einen fairen Wettbewerb gewährleisten.

Referenzen:

Ager, S. N. S., et al. An Analysis of the Definition Of Halal: Shari'ah Vs Statutes. World Academic and Research Congress 2015 (World-AR 2015) Ar-Rahim Hall, YARSI University, Jakarta, Indonesia, 9th – 10th December 2015.

Allen&OveryLLP (2009). " Islamic microfinance report for institutions offering Islamic financial services."

Awang, R., et al. (2014). "Halal epistemology from a global perspective." Social Sciences (Pakistan) **9**(6): 375- 378.

Ayub, M. (2009). Understanding Islamic Finance, Wiley.

Dali, N., et al. (2007). HALAL PRODUCTS FROM THE CONSUMERS PERCEPTION. AN ONLINE SURVEY . Proceeding of the Islamic Entrepreurship Conference, Kolej Universiti Islam Malaysia.

Dar, H., et al. (2013). Global Islamic Finance Report: GIFR 2013, Edbiz Consulting.

Dewar, J. and M. M. Hussain (2011). Islamic Project Finance. International Project Finance: Law and Practice. J. Dewar, OUP Oxford.

Fleishman Hillard Majlis (2011). "The Market Opportunity of the Muslim World."

Hj Hassan, F. (2013). Halal food marketing: dare to win! Malaysia, UiTM Press.

Kamali, M. H. (2010). "The halal industry from a shari'ah perspective." Islam and Civilisational Renewal **1**(4): 595.

Kamali, M. H. (2012). "Tourism and the Halal Industry: A Global Shariah Perspective." Islam and Civilisational Renewal (ICR) **3**(3).

Malboobi, M. T. and M. A. Malboobi (2012). Halal concept and products derived from modern biotechnology. International workshop for Islamic scholars on agribiotechnology: Shariah compliance.

Muhammed , H. (KLCC 30 March – 4 April 2015). Halal: Defining Terms, Educating Communities. MIHAS: The Halal Global Market Place – World Halal Summit.

Salaam Gateway (JANUARY 2016). "Muslim-Friendly Beach Resorts: Opportunities and Trends." Monthly Report Series Prepared.

Thomson Reuters and Dinar Standard (2017). "State of the Global Islamic Economy 2017/18 Report." Thomson Reuters and Dinar Standard, New York City.

Thomson Reuters and Dinar Standard (2016). "State of the Global Islamic Economy 2015/16 Report." Thomson Reuters and Dinar Standard, New York City.

Uusmani, M. T. (2002). An introduction to Islamic finance, Brill.

Zakaria, Z. (2008). "Tapping into the world halal market: some discussions on Malaysian laws and standards." Shariah Journal **16**(3): 603-616.

www.ingramcontent.com/pod-product-compliance
Lightning Source LLC
LaVergne TN
LVHW010754051026
849532LV00007B/2371